I0567333

BESTACTIVITYBOOKS.COM

PREMIERE ÉDITION

Dépôt légal, 2022

Illustration Graphique Extra: www.freepik.com
Merci à Alekksall, Starline, Pch.vector, Rawpixel.com, Vectorpocket, Dgim-studio, Upklyak, Macrovector, Stockgiu, Pikisuperstar & Freepik.com Designers

5 ASTUCES POUR DÉMARRER !

1) COMMENT RÉSOUDRE LES MOTS MÊLÉS

Les puzzles sont dans un format classique :

- Les mots sont cachés sans espaces, tirets, ...
- Orientation : Les mots peuvent être écrits en avant, en arrière, vers le haut, vers le bas ou en diagonale (ils peuvent être inversés).
- Les mots peuvent se chevaucher ou se croiser.

2) UN APPRENTISSAGE ACTIF

Un espace est prévu à côté de chaque mots pour noter la traduction. Pour favoriser un apprentissage actif un **DICTIONNAIRE** à la fin de cette édition vous permettra de vérifier et étendre vos connaissances. Cherchez et notez les traductions, trouvez-les dans le Puzzle et ajoutez-les à votre vocabulaire !

3) MARQUEZ LES MOTS

Vous pouvez inventer votre propre système de marquage. Peut-être en utilisez-vous déjà un ? Sinon, vous pourriez, par exemple, marquer les mots qui ont été difficiles à trouver d'une croix, ceux que vous avez aimés d'une étoile, les mots nouveaux d'un triangle, les mots rares d'un diamant, etc...

4) STRUCTUREZ VOTRE APPRENTISSAGE

Cette édition vous offre un **CARNET DE NOTES** très pratique à la fin du livre. En vacances ou en voyage ou à la maison, vous pouvez facilement organiser vos nouvelles connaissances sans avoir besoin d'un second bloc-notes !

5) VOUS AVEZ FINI TOUTES LES GRILLES ?

Allez à la section bonus **CHALLENGE FINAL** pour trouver un jeu gratuit à la fin de cette édition !

Simple et Rapide ! Découvrez notre collection de livres d'activités pour votre prochain moment de détente et **d'apprentissage**, à juste un clic de distance !

Trouvez votre prochain défi sur :

BestActivityBooks.com/MonProchainLivre

À vos marques, prêts... Partez !

Saviez-vous qu'il existe environ 7 000 langues différentes dans le monde ? Les mots sont précieux.

Nous aimons les langues et avons travaillé dur pour créer les livres de la plus haute qualité pour vous. Nos ingrédients ?

Une sélection des thématiques d'apprentissage adaptée, trois belles parts de divertissement, puis nous ajoutons une cuillère de mots difficiles et une pincée de mots rares. Nous les servons avec soin et un maximum de plaisir pour vous permettre de résoudre les meilleurs jeux de mots mêlés qui soient et d'apprendre en vous amusant !

Votre avis est essentiel. Vous pouvez participer activement au succès de ce livre en nous laissant un commentaire. Nous aimerions vraiment savoir ce que vous avez préféré dans cette édition !

Voici un lien rapide qui vous mènera à la page d'évaluation de vos commandes :

BestBooksActivity.com/Avis50

Merci pour votre aide et amusez-vous bien !

De la part de toute l'équipe

1 - Adjectifs #2

О	Ъ	П	Д	Ч	М	И	Е	Н	Е	Т	С	Е	В	З	И
Й	П	Д	И	В	О	Н	Н	Ю	А	Х	С	Б	Т	У	О
П	Б	И	Й	У	Б	Ж	П	В	Д	Д	Р	О	Г	Л	Т
Т	Р	К	С	Р	Х	Г	Г	У	К	И	А	П	О	Б	Г
В	П	О	Ш	А	П	П	Д	Р	Ж	М	Л	Р	Я	Щ	О
О	Р	Н	Д	Х	Т	Р	М	О	Щ	Е	Н	С	Е	В	В
Р	И	С	Д	У	Г	Е	Б	Ц	Л	Л	Е	О	Д	Н	О
Ч	Р	Е	Щ	С	К	Ь	Л	Б	М	И	Т	Л	Р	Е	Р
Е	О	Р	Я	Ш	Я	Т	Л	Е	Л	И	Н	Е	А	Ч	Е
С	Д	Е	В	А	Ш	С	И	Г	Н	Л	А	Н	М	И	Н
К	Е	Т	Х	К	Ж	И	У	В	Н	Ь	Г	Д	А	Т	Д
И	Н	Н	А	У	Ч	Ч	Ч	А	Н	Ш	Е	Ь	Т	Н	Ш
О	Б	И	С	И	Л	Е	Н	Р	Ж	И	Л	Г	И	Е	О
Ь	А	Ю	Ш	О	Ю	Н	У	Д	К	Ш	Е	Г	Ч	Т	Б
Т	П	Ц	П	Ч	Ю	Я	Ю	З	Ь	Б	Ш	В	Е	В	У
Е	В	Л	Ч	Т	Е	Ф	Г	К	В	П	Ъ	Щ	Н	А	Я

АВТЕНТИЧЕН
ИЗВЕСТЕН
ТВОРЧЕСКИ
ОПИСАТЕЛЕН
НАДАРЕН
ДРАМАТИЧЕН
ЕЛЕГАНТЕН
ГОРД
СИЛЕН
ИНТЕРЕСНО
ПРИРОДЕН
НОВ
ПРОДУКТИВНИ
МОЩЕН
ЧИСТ
ОТГОВОРЕН
ЗДРАВ
СОЛЕН
ДИВ
СУХ

2 - Formes

Ъ	Г	Ъ	Л	С	Е	Л	И	П	С	А	Я	Х	К	Щ	Ч
О	Г	Ь	Ь	Щ	Т	А	Р	Д	А	В	К	И	И	У	Б
Р	Ъ	Б	О	В	Е	Р	П	Х	Ж	К	И	П	Н	Т	Б
Ч	Т	Е	С	Я	М	Я	А	Г	Т	Р	Р	Е	Л	Я	Щ
П	Р	И	З	М	А	Б	Г	Н	М	И	П	Р	Ъ	Ш	Щ
Д	Щ	Ю	М	Б	Г	Ь	Ъ	С	А	В	Я	Б	Г	В	П
Р	Ъ	К	А	Ь	Р	Р	Д	Е	Л	А	К	О	Ъ	В	Л
Ц	П	И	Р	А	М	И	Д	А	Ч	К	Ф	Л	О	Н	И
Ф	И	Н	С	Ф	Е	Р	А	Н	У	О	Л	А	В	О	Н
П	Л	Л	А	П	В	Я	Ж	Р	Ш	Н	Ч	Р	А	Г	И
Щ	С	Ъ	И	Ф	Й	Д	Д	В	О	У	Ь	Щ	Р	И	Я
Ь	Я	Г	Г	Н	Н	К	Ж	Ц	Т	С	Т	Н	П	Л	О
Т	Щ	Ъ	Й	П	Д	Г	В	О	Ь	Ч	У	Ш	Л	О	О
Д	Ц	И	Ш	Ш	С	Ъ	В	Ч	Н	Б	О	Ф	П	П	Й
Е	Т	Р	И	Ч	О	Р	Р	Т	Л	У	Ъ	В	Ъ	У	У
М	Ш	Т	В	М	К	К	Е	П	П	Г	Ц	Г	Х	И	Ц

ДЪГА
РЪБОВЕ
КВАДРАТ
КРЪГ
ЪГЪЛ
КРИВА
КОНУС
СТРАНА
КУБ
ЦИЛИНДЪР
ЕЛИПСА
ХИПЕРБОЛА
ЛИНИЯ
ОВАЛ
ПОЛИГОН
ПРИЗМА
ПИРАМИДА
ПРАВОЪГЪЛНИК
СФЕРА
ТРИЪГЪЛНИК

3 - Force et Gravité

П	Л	Ю	Р	А	З	С	Т	О	Я	Н	И	Е	О	О	В
Я	Л	Д	Е	Щ	К	Х	С	М	Ю	Е	Ж	Н	Т	С	Ъ
Е	Ф	А	А	Ь	Ъ	И	Ж	Ъ	Я	Ч	Р	Е	К	Ш	З
М	О	Б	Н	Н	Ю	Ж	З	З	Щ	И	В	И	Р	Л	Д
Н	Е	В	Й	Е	Х	Ш	И	И	Щ	М	И	Р	И	М	Е
Т	Е	Г	Л	О	Т	Ь	У	Т	Ф	А	М	Т	Т	Е	Й
Д	Ж	Л	Х	С	Я	И	Н	Е	И	Н	О	И	И	Х	С
В	Ч	С	П	О	П	Р	И	Н	В	И	Т	О	Е	А	Т
И	А	Т	И	Б	Р	О	В	Г	А	Д	И	Т	В	Н	В
Ж	С	К	Б	Д	Ш	Ц	Е	А	Ъ	Л	О	К	К	И	И
Е	Ц	Е	Н	Т	Ъ	Р	Р	М	Й	Щ	Я	Е	Ю	К	Е
Н	Х	Л	Ц	И	Ж	Ч	С	Ч	Ю	О	Б	Г	С	А	У
И	Ф	П	Ф	Ъ	С	Г	А	Щ	Г	И	Л	К	А	П	Е
Е	Г	Р	А	Л	Щ	Р	Л	А	М	К	Р	Я	Ч	Н	Е
С	К	О	Р	О	С	Т	Е	Щ	П	Г	Ж	Й	Ь	Ч	Е
Н	Ч	Щ	П	Ю	Й	Л	Н	Д	Л	Ц	К	П	С	М	М

ОС
ЦЕНТЪР
ОТКРИТИЕ
РАЗСТОЯНИЕ
ДИНАМИЧЕН
ТРИЕНЕ
ВЪЗДЕЙСТВИЕ
МАГНЕТИЗЪМ
МЕХАНИКА
ДВИЖЕНИЕ
ОРБИТА
ФИЗИКА
ПЛАНЕТИ
ТЕГЛО
НАЛЯГАНЕ
ИМОТИ
ЧАС
УНИВЕРСАЛЕН
СКОРОСТ

4 - Adjectifs #1

П	А	Ф	Т	Ф	Я	Ю	А	Х	Ц	Х	Х	Ф	С	И	И
Ц	Р	Ь	К	Ь	Б	У	М	Н	Ш	Н	Б	Ц	П	О	Т
Б	О	О	Т	А	Н	Ь	Б	Е	Ю	Ь	Х	А	М	Д	М
М	М	К	О	Н	Е	Ч	И	Т	О	З	К	Е	В	Н	Щ
Л	А	Ж	И	Ф	Л	Ъ	Ц	Ю	В	А	Ж	Н	О	Е	Ъ
А	Т	А	Ш	П	А	И	И	Л	И	Ш	М	Е	Ч	В	Н
Д	Е	О	Р	О	Е	Я	О	О	С	О	Х	Ч	Т	И	Е
Т	Н	Щ	Г	Т	Д	Х	З	С	А	Л	М	И	П	Т	Н
У	П	Е	П	Р	И	Щ	Е	Б	Р	Ш	С	Т	А	К	И
Е	Я	Д	Л	Ь	О	С	Н	А	К	Ш	У	Н	Ю	А	В
Г	П	Ъ	Ъ	Е	Ъ	М	Т	Ш	С	М	Х	Е	У	Ч	Е
Н	Е	Р	Е	Д	О	М	Е	И	Г	Ш	Ь	Д	Н	Ф	Н
Т	Ъ	Н	Ъ	К	Р	Л	Ш	Н	Ч	Я	Е	И	Е	И	П
Р	Л	Ч	Е	С	Т	Е	Н	Ш	М	Е	Т	Е	Ж	Ъ	К
Ъ	У	Ч	М	Ч	С	Р	Х	Ю	Ч	П	Н	А	О	П	Р
П	Р	И	В	Л	Е	К	А	Т	Е	Л	Е	Н	В	Й	Г

АБСОЛЮТЕН
АКТИВЕН
АМБИЦИОЗЕН
АРОМАТЕН
АРТИСТИЧЕН
ПРИВЛЕКАТЕЛЕН
КРАСИВ
ЕКЗОТИЧЕН
ОГРОМЕН
ЩЕДЪР

ЧЕСТЕН
ИДЕНТИЧЕН
ВАЖНО
НЕВИНЕН
МЛАД
БАВЕН
ТЕЖЪК
ТЪНЪК
МОДЕРЕН
ИДЕАЛЕН

5 - Instruments de Musique

Ъ	Ж	Х	К	И	Т	А	Р	А	Т	Й	Е	Л	Ф	Ф	Щ
К	М	Ж	А	Т	Р	О	М	П	Е	Т	Ю	Д	Ц	Е	У
Г	Н	Ъ	Т	Р	Ж	И	К	Х	Щ	Ф	Л	А	И	Ц	Ф
Ъ	Ъ	В	Й	И	М	Й	М	Ф	К	А	Д	Ш	Р	В	Р
М	П	Л	В	Щ	А	О	Г	Б	Ц	Г	Ц	К	Ш	Ф	И
В	А	С	Ф	Ю	Ф	Б	Н	Т	Ф	О	Ъ	Л	М	В	А
И	П	Н	С	О	Ь	О	О	И	Д	Т	Е	А	Ш	Б	Т
О	Ъ	О	Д	Г	И	К	Г	Б	К	Ф	П	Р	Ж	Б	Ю
Л	И	Ф	Н	О	Б	М	О	Р	Т	А	Д	И	Ч	Д	Ю
О	Щ	О	Й	Н	Л	Щ	Ж	О	Б	Й	Ь	Н	Ь	У	С
Н	Ъ	С	К	А	С	И	Д	А	Й	Р	Е	Е	В	Л	Ш
Ч	В	К	Ь	И	П	Н	Н	Ъ	И	Ь	Щ	Т	О	С	И
Е	Р	А	С	П	М	Р	А	А	Ц	И	Г	У	Л	К	А
Л	Ю	С	Л	Ц	О	А	Б	А	Р	А	Б	А	Н	Т	Е
О	Ю	О	В	Ь	Н	Д	М	А	Р	И	М	Б	А	Ъ	Р
У	Й	Ъ	А	С	Й	У	Ь	Н	У	Е	Р	Ж	Я	Щ	О

БАНДЖО
ФАГОТ
КЛАРИНЕТ
ФЛЕЙТА
ГОНГ
КИТАРА
ХАРМОНИКА
АРФА
ОБОЙ
МАНДОЛИНА

МАРИМБА
УДАРНИ
ПИАНО
САКСОФОН
БАРАБАН
ДАЙРЕ
ТРОМБОН
ТРОМПЕТ
ЦИГУЛКА
ВИОЛОНЧЕЛО

6 - Herboristerie

Ц	С	Р	Д	Ф	Н	Ш	А	К	Р	Е	Щ	А	М	Ю	Е
Ч	Х	В	Б	Р	Я	Ъ	Н	А	Г	И	Р	Н	Б	С	С
Ф	Ъ	Т	Ц	В	К	У	С	Ч	Ь	Е	Ъ	И	О	Ъ	Т
М	Е	Н	Т	А	А	Д	П	Е	К	Ц	П	Д	С	С	Р
У	Н	Й	А	У	П	Г	Л	С	Ч	К	О	А	И	Т	А
П	О	Л	Е	З	Н	О	Я	Т	В	Б	К	Р	Л	А	Г
З	Ь	Т	Ч	Т	А	Х	Ж	В	Ц	Х	З	Г	Е	В	О
П	Е	У	Л	О	Р	Д	Щ	О	В	Х	О	Б	К	К	Н
Щ	В	Л	Л	Ч	Ф	Т	Щ	Х	Е	М	Н	Л	А	А	И
Ж	Г	Н	Е	А	А	Т	Ь	Т	Т	Ь	А	Н	Р	У	Р
Т	П	С	Ш	Н	Ш	Б	Ъ	Р	Е	Щ	Д	Х	О	Е	А
К	У	Л	И	Н	А	Р	Е	Н	Ь	Й	Г	Ц	М	Ч	М
Ф	А	Ю	Л	А	В	А	Н	Д	У	Л	А	Б	А	Ж	З
Г	В	Н	Щ	О	Р	Г	Б	П	Н	У	М	И	Т	О	О
Щ	Т	Л	Т	Ж	Ш	Е	А	Ж	Д	Ь	К	В	Е	В	Р
Ш	Ъ	Ж	У	Д	Л	К	В	Д	Н	Г	Д	П	Н	О	У

ЧЕСЪН
АРОМАТЕН
БОСИЛЕК
ПОЛЕЗНО
КУЛИНАРЕН
ЕСТРАГОН
КОПЪР
ЦВЕТЕ
СЪСТАВКА
ГРАДИНА
ЛАВАНДУЛА
РИГАН
МЕНТА
МАГДАНОЗ
КАЧЕСТВО
РОЗМАРИН
ШАФРАН
ВКУС
МАЩЕРКА
ЗЕЛЕН

7 - Véhicules

Д	В	И	Г	А	Т	Е	Л	С	Ж	В	А	Т	А	Ш	А
С	С	А	Л	Г	И	О	Ш	К	Т	Е	Л	О	М	А	С
Щ	Ч	В	У	Г	О	Я	Т	У	У	Л	О	Б	Я	Т	Ш
Ж	Ч	Ф	Я	Ю	О	Р	Е	Т	П	О	К	И	Л	Е	Х
К	А	Р	А	В	А	Н	А	Е	А	С	Й	Р	У	Н	Г
Р	В	Б	Й	Ч	Е	Й	Ч	Р	К	И	Б	Е	Б	Ч	Т
А	А	К	Д	О	Л	Ч	Е	Д	Л	П	Ь	Ф	В	Р	Р
Х	В	К	Л	И	Н	Е	Й	К	А	Е	Ъ	Ц	С	Ц	А
М	Е	Ь	Е	У	Й	Ь	Т	К	В	Д	Г	Ъ	Р	Ж	К
А	Е	Н	Е	Т	К	А	М	И	О	Н	Л	У	Б	Й	Т
Р	И	Т	Й	Щ	А	Г	П	Ю	С	Ж	Ж	Ц	М	Ъ	О
У	Т	Е	Р	П	О	Д	В	О	Д	Н	И	Ц	А	И	Р
Ш	С	У	Б	О	Т	В	А	Т	А	К	С	И	Ш	А	Д
Д	Ч	П	Ь	Ч	П	М	А	Д	Й	Ц	Щ	Щ	Д	Ш	Ф
С	Х	А	Ъ	О	У	Е	Ю	М	Г	Ю	Ц	Й	И	Х	Л
Л	Е	Л	Ф	Ж	Р	Б	Ж	Ц	Щ	М	Х	С	Ч	Л	Ъ

ЛИНЕЙКА
САМОЛЕТ
ЛОДКА
АВТОБУС
КАМИОН
КАРАВАНА
ФЕРИБОТ
РАКЕТА
ХЕЛИКОПТЕР
МЕТРО
ДВИГАТЕЛ
СОВАЛКА
ГУМИ
САЛ
СКУТЕР
ПОДВОДНИЦА
ТАКСИ
ТРАКТОР
ВЕЛОСИПЕД
КОЛА

8 - Camping

А	В	В	Х	Б	Е	И	Н	Е	Ч	Ю	Л	К	И	Р	П
Ю	Ж	Ц	Ф	М	Г	Н	Ъ	С	Х	Ш	М	О	Ю	Е	Й
Щ	Т	Ш	Й	А	К	Т	А	Л	А	П	Ю	Е	Ф	Б	Ц
Щ	Р	Ь	Д	Я	Г	О	В	Я	И	А	Н	Ь	С	Ъ	П
С	П	Т	Ш	О	Й	В	Б	Н	А	С	Е	К	О	М	О
Л	Щ	П	Н	А	К	И	Ш	О	Ц	Щ	Я	С	Н	Ь	Ш
К	А	Р	Т	А	Ш	Ж	Р	К	Р	Л	Р	С	Ч	Ф	Р
А	Н	И	Б	А	К	Щ	Н	У	Ю	У	Р	Х	Б	Ш	Щ
М	Р	Р	Ъ	Ц	Б	Щ	Д	О	Ч	Ф	Д	Ю	Р	Ю	Ю
А	Е	З	Е	Р	О	Ш	С	Г	А	Ж	Е	В	Й	Ц	И
Х	Ь	Ъ	Х	Р	С	Р	Д	Ф	М	П	В	Н	А	М	В
К	В	Я	Я	Ъ	Ш	А	Д	О	Р	И	Р	П	Е	Н	П
П	Л	А	Н	И	Н	А	П	Л	М	П	Х	К	Л	Р	Е
Ъ	А	Ь	К	Я	Ъ	А	Ь	М	О	Я	Ъ	А	У	Я	Ж
Л	О	В	А	С	Г	Г	Й	Г	О	Р	А	Н	Н	О	Ъ
Ш	А	П	К	А	О	Щ	Т	Ч	Г	К	К	У	А	О	В

ЖИВОТНИ
ПРИКЛЮЧЕНИЕ
КОМПАС
КАБИНА
КАНУ
КАРТА
ШАПКА
ЛОВ
ВЪЖЕ
ОБОРУДВАНЕ
ОГЪН
ГОРА
ХАМАК
НАСЕКОМО
ЕЗЕРО
ФЕНЕР
ЛУНА
ПЛАНИНА
ПРИРОДА
ПАЛАТКА

9 - Écologie

Р	А	С	Т	И	Т	Е	Л	Н	О	С	Т	Б	Ж	И	С
Ц	С	Т	Ь	Б	Т	С	А	Ж	Н	И	П	Л	Ц	К	У
Р	А	З	Н	О	О	Б	Р	А	З	И	Е	А	Щ	Ш	Ш
Б	С	М	Г	Л	А	Б	Р	Е	Х	Р	Г	Т	Х	Х	А
Д	О	Б	Р	О	В	О	Л	Ц	И	С	Ю	О	Ф	Б	А
Т	Ц	А	Е	Ю	Г	С	С	У	Х	И	Ъ	Е	Б	Й	С
Б	М	М	Ж	Й	Ц	Т	Ф	Ю	У	Ж	Ф	Б	Х	Ю	Р
В	Ц	Ь	Ж	В	К	А	О	Ц	Е	Л	Я	В	А	Н	Е
Р	И	К	С	Р	О	М	Р	А	С	Т	Е	Н	И	Я	У
Й	Е	Д	Ф	П	Р	И	Р	О	Д	А	О	Е	Т	П	С
Ь	Р	С	Ъ	А	Щ	Л	Б	Л	Ц	Р	Г	Д	С	Ч	Т
Ч	В	Ц	У	Т	У	К	Б	Г	Ш	О	Г	О	О	В	О
Ч	Я	М	Т	Р	И	Н	И	Н	А	Л	П	Р	Н	В	Й
Ц	Ъ	Ж	И	О	С	Ч	А	М	Ъ	Ф	Щ	И	Щ	Ч	Ч
Й	Р	Ю	П	С	Ъ	И	Ф	Л	О	М	О	Р	Б	М	И
Г	Л	О	Б	А	Л	Е	Н	Ю	Ч	С	И	П	О	Х	В

ДОБРОВОЛЦИ
КЛИМАТ
ОБЩНОСТИ
РАЗНООБРАЗИЕ
УСТОЙЧИВ
ВИД
ФАУНА
ФЛОРА
ГЛОБАЛЕН
БЛАТО
МОРСКИ
ПЛАНИНИ
ПРИРОДА
ПРИРОДЕН
РАСТЕНИЯ
РЕСУРСИ
СУША
ОЦЕЛЯВАНЕ
СОРТ
РАСТИТЕЛНОСТ

10 - Géométrie

П	Р	О	П	О	Р	Ц	И	Я	В	Н	Н	У	Ч	С	О
У	В	А	П	Л	М	К	Е	Ю	Б	И	Щ	Т	Ю	И	Л
Е	Р	К	Х	Щ	Т	Т	И	Е	А	М	Я	Я	Ъ	М	Ъ
Т	Р	И	Ъ	Г	Ъ	Л	Н	И	К	Ш	А	В	Й	Е	Р
Г	Х	Г	П	Ъ	Б	Ъ	Е	Н	И	О	Я	Е	Т	Т	А
Й	Ь	О	О	Р	Т	Г	Л	Е	Л	В	Б	Р	Д	Р	Х
К	Ъ	Л	К	К	Е	Ъ	С	Р	И	Ж	В	Т	О	И	П
Р	Е	М	О	Н	О	М	И	Е	Р	Ч	В	И	Т	Я	О
И	Х	И	А	Р	Р	М	Ч	М	П	С	И	К	Л	С	В
В	И	Е	Н	Ч	И	А	З	З	Ч	Е	С	А	О	А	Ъ
А	О	Я	Ц	Е	Я	С	И	И	Б	Г	О	Л	Ч	Н	Р
Ч	Ь	Ф	Щ	Й	Н	А	Я	Ж	А	М	Ч	Е	В	Д	Х
Д	Н	Ч	Ю	О	Л	В	В	Р	Н	Е	И	Н	В	Щ	Н
М	Е	Д	И	А	Н	А	А	Д	Й	Н	Н	Е	С	М	О
Д	И	А	М	Е	Т	Ъ	Р	Р	Я	Т	А	Н	Ш	П	С
У	В	Ю	Ц	М	М	Д	Ъ	Ч	У	Ю	Ж	Н	Я	И	Т

ЪГЪЛ
ИЗЧИСЛЕНИЕ
КРЪГ
КРИВА
ДИАМЕТЪР
ИЗМЕРЕНИЕ
УРАВНЕНИЕ
ВИСОЧИНА
ЛОГИКА
МАСА
МЕДИАНА
НОМЕР
ПРИЛИКА
ПРОПОРЦИЯ
СЕГМЕНТ
ПОВЪРХНОСТ
СИМЕТРИЯ
ТЕОРИЯ
ТРИЪГЪЛНИК
ВЕРТИКАЛЕН

11 - Les Médias

С	О	Ч	К	В	Ш	П	Я	Ф	Р	У	Ъ	Т	В	Е	Ф
Г	Ч	Е	Х	О	Л	В	Ю	А	С	А	Д	И	Е	А	И
Ь	Х	Е	Ю	Л	М	Б	Б	К	Е	В	Д	Ц	Ц	И	Н
С	Н	И	М	К	И	У	П	Т	Л	Щ	Ю	И	В	Т	А
О	Е	Н	Ж	Я	М	Ч	Н	И	О	Л	Ш	Н	О	Ъ	Н
Я	Т	А	Ь	И	О	Р	Г	И	Ш	Б	У	Т	Р	Р	С
Ъ	С	Д	Е	Р	Я	Т	Е	Щ	К	Н	В	С	Ф	Г	И
Ш	Е	З	Ч	Т	Щ	У	Щ	Ж	Й	А	Т	Е	И	О	Р
Ц	М	И	Н	С	В	Е	С	Н	А	Ю	Ц	В	Ц	В	А
Н	Е	Л	А	У	Д	И	В	И	Д	Н	И	И	Р	С	Н
Щ	Н	Е	П	Д	Т	Ю	Ь	У	Я	Ч	Д	Щ	Я	К	Е
Ф	Б	Д	О	Н	Л	А	Й	Н	С	Р	А	К	Й	И	П
Ш	Й	Т	Я	И	И	З	О	Б	Р	А	Ж	Е	Н	И	Я
И	Н	Т	Е	Л	Е	К	Т	У	А	Л	Е	Н	Л	Ь	Х
О	Б	Р	А	З	О	В	А	Н	И	Е	И	Н	Е	Н	М
О	Б	Щ	Е	С	Т	В	Е	Н	А	И	Л	А	Ж	Ч	О

ТЪРГОВСКИ
КОМУНИКАЦИЯ
ОНЛАЙН
ИЗДАНИЕ
ОБРАЗОВАНИЕ
ФАКТИ
ФИНАНСИРАНЕ
ИЗОБРАЖЕНИЯ
ИНДИВИДУАЛЕН
ИНДУСТРИЯ
ИНТЕЛЕКТУАЛЕН
ВЕСТНИЦИ
МЕСТЕН
ЦИФРОВ
МНЕНИЕ
СНИМКИ
ОБЩЕСТВЕН
РАДИО
МРЕЖА

12 - Diplomatie

Ч	Б	Ф	Ш	Ц	Р	О	В	О	Г	О	Д	О	Н	Ч	С
Д	У	А	П	Р	Щ	Ж	Ж	Е	Р	Н	Ш	Ю	Е	П	И
И	К	Ж	Ш	Л	И	К	С	Н	А	Д	Ж	А	Р	Г	Г
С	О	П	Д	С	С	Ц	Р	Д	Ж	Ц	Д	Р	Р	С	У
К	Н	О	П	Е	Ю	Й	Е	Ь	Д	Ъ	Я	Ч	М	Б	Р
У	Ф	Л	О	Ш	С	Е	А	Ш	А	Ц	У	Н	М	Ц	Н
С	Л	И	С	О	Д	Т	С	О	Н	Щ	Б	О	Ш	У	О
И	И	Т	Л	П	Ф	С	Р	К	И	Н	Т	Е	В	Ъ	С
Я	К	И	А	Г	Б	О	Ъ	А	Й	Н	Я	Ф	Е	Щ	Т
Ъ	Т	К	Н	Ь	Л	Л	У	Й	Н	Ч	Ъ	Н	У	Ж	Д
Б	У	А	И	М	Д	Я	Ж	Щ	К	Е	Р	М	Р	М	Т
У	Ъ	Я	К	У	Т	Ц	Ж	Т	Й	Е	Н	Ь	Ц	Ц	Ц
П	Р	А	В	И	Т	Е	Л	С	Т	В	О	Й	И	Т	Ж
К	А	М	П	А	Н	И	И	Р	Е	Ш	Е	Н	И	Е	Ш
Х	О	Ю	С	П	Р	А	В	Е	Д	Л	И	В	О	С	Т
П	О	С	О	Л	С	Т	В	О	Е	Т	И	К	А	П	О

ПОСОЛСТВО
ПОСЛАНИК
КАМПАНИИ
ГРАЖДАНИ
ГРАЖДАНСКИ
ОБЩНОСТ
КОНФЛИКТ
СЪВЕТНИК
ДИСКУСИЯ
ЕТИКА
ЧУЖДЕСТРАНЕН
ПРАВИТЕЛСТВО
ЦЯЛОСТ
СПРАВЕДЛИВОСТ
ПОЛИТИКА
СИГУРНОСТ
РЕШЕНИЕ
ДОГОВОР

13 - Électricité

Б	Ш	Х	К	И	Н	Х	Е	Т	О	Р	Т	К	Е	Л	Е
А	П	М	А	Л	Б	Ь	К	К	Ф	Т	И	Н	Г	А	М
Т	О	К	Р	У	Ш	К	А	Ж	Е	Р	М	Е	К	З	Ч
Е	Б	О	Х	П	В	Ф	П	Г	М	С	Х	Л	О	Е	П
Р	О	У	Я	И	З	И	В	Е	Л	Е	Т	Е	Л	Р	О
И	Р	А	А	Ж	Ж	Т	А	Н	Т	К	Б	Т	И	Щ	Л
Я	У	Б	У	К	Е	Л	М	Е	Е	Ж	У	А	Ч	У	О
Ш	Д	Х	Ю	Д	У	М	Й	Р	Л	О	И	Ц	Е	В	Ж
П	В	О	Б	Е	К	Т	И	А	Е	С	М	И	С	Л	И
У	А	Г	Ш	М	М	Н	В	Т	Ф	Н	У	Р	Т	В	Т
П	Н	С	Й	Х	Ч	У	П	О	О	Г	Д	Т	В	В	Е
Л	Е	Б	А	К	Б	М	Ь	Р	Н	Ф	Н	О	О	Р	Л
Е	Л	Е	К	Т	Р	И	Ч	Е	С	К	И	Е	Ф	И	Е
Л	Е	Н	С	Ъ	Х	Р	А	Н	Е	Н	И	Е	З	Б	Н
К	У	К	Е	Я	Л	Ч	Ь	Г	Б	Е	Ж	С	К	Д	В
А	Т	С	М	В	М	М	Я	У	М	Ж	В	И	Я	Щ	О

МАГНИТ
КРУШКА
БАТЕРИЯ
КАБЕЛ
ЕЛЕКТРОТЕХНИК
ЕЛЕКТРИЧЕСКИ
ОБОРУДВАНЕ
ГЕНЕРАТОР
ЛАМПА
ЛАЗЕР
ОТРИЦАТЕЛЕН
ОБЕКТИ
ПОЛОЖИТЕЛЕН
ГНЕЗДО
КОЛИЧЕСТВО
МРЕЖА
СЪХРАНЕНИЕ
ТЕЛЕФОН
ТЕЛЕВИЗИЯ

14 - Astronomie

Ц	Х	П	Е	Л	Р	Л	Г	О	Д	Щ	Т	Ж	Щ	Ж	Х
Р	А	К	Е	Т	А	Е	А	Б	С	М	Ч	Б	Й	О	Щ
Ъ	Ж	Х	И	Р	Л	И	Л	С	У	Р	Р	Т	В	И	О
С	Л	Ъ	Н	Ч	Е	В	А	Е	Х	Щ	К	Л	Е	Ш	И
Ш	О	Р	Е	Ж	Ш	Т	К	Р	П	Л	А	Н	Е	Т	А
Ц	Ю	А	Н	Ц	И	С	Т	В	Д	О	Б	А	А	С	Н
Я	Ц	Д	М	Т	К	Н	И	А	Н	Е	Л	Е	С	В	И
Н	Р	И	Ъ	Б	Ь	Е	К	Т	Ж	И	С	Я	Т	Р	В
В	Я	А	Т	М	М	Д	А	О	Ф	Д	Ш	Ь	Р	Ъ	Я
Ю	В	Ц	А	Е	О	О	Ф	Р	З	З	Ж	У	О	Х	Л
Л	М	И	З	Т	Ж	Н	Я	И	Щ	Е	Б	Е	Н	Н	Г
М	У	Я	Я	Е	Й	В	О	Я	М	В	М	Г	А	О	Ъ
М	Л	Н	С	О	Х	А	Ц	Р	В	З	Л	Я	В	В	М
Н	О	Р	А	Р	Х	Р	В	Л	Т	Ъ	Л	Й	Т	А	Ъ
К	О	С	М	О	С	Т	О	У	Г	С	Й	Р	Ш	Ж	Ш
К	Р	Ж	Т	Д	И	О	Р	Е	Т	С	А	О	Е	Щ	И

АСТЕРОИД
АСТРОНАВТ
АСТРОНОМ
НЕБЕ
СЪЗВЕЗДИЕ
КОСМОС
ЗАТЪМНЕНИЕ
РАВНОДЕНСТВИЕ
РАКЕТА
ГАЛАКТИКА
ЛУНА
МЕТЕОР
МЪГЛЯВИНА
ОБСЕРВАТОРИЯ
ПЛАНЕТА
РАДИАЦИЯ
СЛЪНЧЕВ
СВРЪХНОВА
ЗЕМЯ
ВСЕЛЕНА

15 - Physique

Г	К	Щ	Г	Г	Г	Ъ	Ц	Я	Й	И	Ф	В	Б	Х	С
Ж	Ъ	И	А	Ж	Р	Щ	Ф	О	М	Ъ	Ч	Н	Ж	И	К
Д	Ь	Е	З	Л	Ч	А	К	И	Н	А	Х	Е	М	М	О
Й	Ф	Й	Х	Б	Д	М	В	В	Р	Е	Б	Р	Я	И	Р
А	Г	Д	Ц	П	А	Г	О	И	Ф	О	Я	Д	М	Ч	О
В	Р	С	С	Ж	Н	Ь	Л	Л	Т	О	Ф	Я	А	Е	С
У	С	К	О	Р	Е	Н	И	Е	Е	А	Р	Л	С	С	Т
Я	Щ	Г	А	К	Л	Ю	Ж	Ь	Л	К	Ц	М	А	К	Л
В	А	Ф	Х	Ь	А	У	Л	Ю	У	М	У	И	У	И	Е
Ч	Т	Т	В	Т	С	О	Н	Т	Ъ	Л	П	Л	Я	Л	Т
А	О	Щ	К	Т	Р	Ч	Е	С	Т	О	Т	А	А	И	А
С	М	Я	Ц	Х	Е	Е	Л	Е	К	Т	Р	О	Н	Й	Г
Т	Н	Л	Б	П	В	Щ	Ю	Т	Е	Щ	Н	О	Ъ	Ц	И
И	У	М	Ъ	З	И	Т	Е	Н	Г	А	М	Е	Щ	В	В
Ц	У	Т	С	О	Н	Л	Е	Т	И	С	О	Н	Т	О	Д
А	Г	Р	Щ	Ж	У	Ф	Ш	А	М	Ж	Я	И	О	И	Х

УСКОРЕНИЕ
АТОМ
ХАОС
ХИМИЧЕСКИ
ПЛЪТНОСТ
ЕЛЕКТРОН
ФОРМУЛА
ЧЕСТОТА
ГАЗ
ГРАВИТАЦИЯ
МАГНЕТИЗЪМ
МАСА
МЕХАНИКА
МОЛЕКУЛА
ДВИГАТЕЛ
ЯДРЕН
ЧАСТИЦА
ОТНОСИТЕЛНОСТ
УНИВЕРСАЛЕН
СКОРОСТ

16 - Types de Cheveux

Ф	Б	М	А	Л	Т	К	Е	М	Д	Б	Ф	С	В	И	С
Л	П	Ч	У	Ъ	К	Ъ	Ъ	Д	Ъ	Л	Г	О	Ъ	К	Л
И	У	Б	Ъ	С	С	Н	К	С	Х	Ч	Л	Х	Л	Т	Д
В	К	Х	Ш	К	Х	Ъ	Й	Ь	Ц	Е	У	Ь	Н	И	Й
Л	А	Б	Г	А	Е	Т	С	Л	Й	Р	Т	О	О	Л	Д
Е	Ф	М	М	В	И	Ш	Е	Л	П	Е	Т	М	О	П	Ц
О	Я	Д	Е	Б	Е	Л	Я	Б	Ж	Н	Ф	Ц	Б	Щ	Ь
Г	В	К	Ъ	Д	Р	И	Ц	И	Р	Е	Ц	Н	Р	Ф	Щ
Н	В	Ч	Й	Ж	О	Ь	Ф	Ъ	Я	Т	Й	Я	А	О	Л
А	Х	Ь	П	Ц	Б	Я	Я	Ч	Ч	Е	Щ	Г	З	О	В
Г	С	О	Ю	А	Е	Х	К	С	Н	Л	Р	С	Н	Ю	Б
О	Л	У	Т	Ц	К	Л	Ъ	Л	К	П	И	Ъ	И	Р	Я
А	Т	А	Х	Я	О	П	Д	Р	Ц	С	Ш	Ь	О	М	Д
М	Л	П	Д	Д	Д	В	Р	У	Ю	А	Д	В	Д	Ж	Г
И	Ь	Ъ	С	К	О	В	А	С	Д	Х	С	Б	Г	Ъ	Я
Ж	Ч	Ц	Л	Т	А	Ф	В	А	Р	Д	З	Ъ	О	Х	Щ

БЯЛ
РУСА
КЪДРИЦИ
ЛЪСКАВ
ПЛЕШИВ
КЪС
МЕК
ДЕБЕЛ
КЪДРАВ
СИВ
ГЛАДКА
ДЪЛГО
КАФЯВ
ТЪНЪК
ЧЕРЕН
ВЪЛНООБРАЗНИ
ЗДРАВ
СУХ
ПЛИТКИ
СПЛЕТЕН

17 - Archéologie

М	Я	Х	Ч	Ь	Л	Ф	А	Г	Ю	А	Ч	Щ	Р	О	П
Д	Т	Щ	В	Н	Ь	Л	Ч	О	П	В	Ш	Н	И	Б	О
Л	Я	Г	М	Ф	Н	Б	Я	Д	У	К	Ъ	Ь	Г	Е	Т
Н	К	Ш	Я	И	Ц	А	З	И	Л	И	В	И	Ц	К	О
Ч	Р	В	Д	С	А	И	Е	Н	Р	Л	Ю	Ч	Й	Т	М
А	Н	А	Л	И	З	Т	Ц	И	И	Е	П	Х	Щ	И	Ъ
Д	Р	Е	В	Н	О	С	Т	А	Щ	Р	Т	Р	Г	А	К
И	З	С	Л	Е	Д	О	В	А	Т	Е	Л	С	С	Р	Т
П	Т	Р	Е	М	Ж	К	Ш	Т	С	С	Е	Ф	И	Ф	Г
Х	Р	Б	Р	Ъ	И	С	О	О	М	В	Б	П	В	М	У
Р	Е	О	А	М	Ф	Н	Е	Т	С	Е	В	З	И	Е	Н
А	П	Р	Ф	П	Ф	Ж	Е	Ф	О	Ц	Е	Н	К	А	О
М	С	Г	Ф	Е	Е	Ю	У	Р	Ф	Л	М	К	С	Ъ	Т
П	К	Ъ	Ш	Ф	С	Ф	Ъ	Ф	А	Ь	Е	В	Ф	П	Б
Б	Е	Ч	Ч	Н	А	О	Ф	Х	У	Л	П	Е	А	И	О
И	Ь	А	Н	Е	В	А	Р	Б	А	З	Ч	Е	Л	Л	Р

АНАЛИЗ
ГОДИНИ
ДРЕВНОСТ
ИЗСЛЕДОВАТЕЛ
ЦИВИЛИЗАЦИЯ
ПОТОМЪК
ЕКСПЕРТ
ЕРА
ОТБОР
ОЦЕНКА
МИНЕРАЛ
НЕИЗВЕСТЕН
МИСТЕРИЯ
ОБЕКТИ
КОСТИ
ЗАБРАВЕНА
ПРОФЕСОР
РЕЛИКВА
ХРАМ
ГРОБ

18 - Mammifères

З	М	Я	А	Ш	Я	Щ	Ф	Н	К	Т	Й	Ъ	Ш	К	А
К	А	К	Т	О	К	Л	Ъ	В	У	И	О	Г	Г	Н	М
И	О	Е	К	Г	Р	В	В	Ъ	Ч	Г	Д	Ъ	Р	Ц	Е
Т	В	Т	К	Е	К	Б	Б	Л	Е	Ъ	Е	Ж	Щ	У	Ч
Ъ	Ц	К	Р	Б	Н	Ж	К	П	Ш	Р	Л	С	У	Ш	К
Я	А	Г	К	И	Г	Г	Х	Й	Ю	Ц	Ф	Ц	Ц	М	А
Б	Р	Щ	Ю	К	О	Й	У	Е	Е	Щ	И	А	Б	Ъ	М
С	Б	П	С	Б	Р	Ц	Д	Р	Е	Г	Н	О	Р	Й	Ъ
К	Е	Ф	Ч	Н	И	Х	Т	В	У	А	Ц	И	С	И	Л
Н	З	Ъ	Д	Д	Л	С	Ц	Й	И	Н	М	П	У	С	Ж
Г	Т	Х	И	В	А	О	К	В	М	У	Й	Щ	О	И	Р
Е	П	О	Н	Ю	С	Ш	Т	Р	Д	М	Ъ	О	С	Б	А
О	У	У	Ж	Ь	Л	С	Е	К	О	Й	О	Т	П	И	Н
Ь	Б	Я	П	Е	И	Л	Ш	Л	У	А	А	Ж	К	С	И
А	М	С	Ж	Х	Й	О	Я	Ю	Л	М	С	О	И	С	Г
И	Ч	Ь	Д	Ф	Ь	Н	Ь	Ц	М	Х	Г	Б	К	О	Н

КИТ
КОТКА
КОН
КУЧЕ
КОЙОТ
ДЕЛФИН
СЛОН
ЖИРАФ
ГОРИЛА
КЕНГУРУ
ЗАЕК
ЛЪВ
ВЪЛК
ОВЦА
МЕЧКА
ЛИСИЦА
МАЙМУНА
БИК
ТИГЪР
ЗЕБРА

19 - Chocolat

Д	И	Р	Х	О	С	К	Р	Ь	Б	В	Ш	Б	Р	К	К
Н	А	Ь	К	Щ	Л	Ч	А	Д	Ц	К	Ф	О	Е	О	А
Д	О	Ь	В	Ф	А	И	Д	Ч	Я	У	Ю	С	Ц	К	Л
С	Н	Ш	Н	С	Д	И	З	Ч	Е	С	У	У	Е	О	О
М	Ъ	Ж	Ъ	Ш	Ъ	О	А	П	С	С	Я	А	П	С	Р
Л	Х	Х	У	Щ	К	Ь	Н	П	Ъ	З	Т	Д	Т	О	И
К	А	Р	А	М	Е	Л	А	Р	С	А	Ш	В	А	В	И
Ф	Ъ	С	Т	Ъ	Ц	И	Я	А	Т	Х	Г	И	О	О	Е
Ф	Й	Ф	Р	Р	Л	Л	Т	Х	А	А	Г	Ч	А	Р	К
В	К	У	С	Е	Н	М	Ч	Ь	В	Р	В	Р	К	Е	З
Ш	Й	Я	Д	Б	М	Х	И	Р	К	Ш	К	О	А	Х	О
Х	Н	Я	Г	О	Х	А	Й	Б	А	Х	Е	Г	К	М	Т
А	С	Х	Й	Н	М	Ь	С	Д	Ю	Б	Ю	Ш	Ш	Й	И
Л	Г	О	В	Б	В	Г	К	Н	Х	Л	Ц	Ч	Р	Н	Ч
Ф	Ю	Ъ	К	О	Л	Х	И	А	Р	О	М	А	Т	Ю	Е
Б	Б	М	Т	Н	А	Д	И	С	К	О	И	Т	Н	А	Н

ГОРЧИВ
АНТИОКСИДАНТ
АРОМАТ
ЗАНАЯТЧИЙСКИ
БОНБОН
ФЪСТЪЦИ
КАКАО
КАЛОРИИ
КАРАМЕЛ
ВКУСЕН
СЛАДЪК
ЕКЗОТИЧЕН
ЛЮБИМ
ВКУС
СЪСТАВКА
КОКОСОВ ОРЕХ
ПРАХ
КАЧЕСТВО
РЕЦЕПТА
ЗАХАР

20 - Mathématiques

П	С	Л	А	Р	И	Т	М	Е	Т	И	К	А	С	И	О
Л	Р	Ъ	Т	Е	М	А	И	Д	Д	Ю	Б	М	Ф	Д	Я
Ц	Ж	А	Ю	С	Ж	Б	Л	А	Х	Ю	Ъ	У	Е	С	Ш
Ф	Ъ	Ь	В	А	П	С	Г	Е	Ю	И	М	С	Р	Ч	Х
Е	К	П	М	О	Р	Ш	Ъ	М	Ш	Т	Е	К	А	Н	А
Ю	Ш	М	К	Ж	Ъ	Г	Е	О	М	Е	Т	Р	И	Я	Ь
Ц	Р	П	Ш	Й	С	Г	У	Р	А	В	Н	Е	Н	И	Е
К	В	А	Д	Р	А	Т	Ъ	С	И	М	Е	Т	Р	И	Я
П	С	О	Л	Ж	Ц	Е	О	Л	К	Щ	Й	О	А	К	О
Р	Т	И	Н	Ю	П	Б	У	Д	Н	О	Г	И	Л	О	П
И	Е	Ш	Ь	Г	П	Ж	Р	У	В	И	М	К	И	У	И
Л	П	К	О	М	С	Ц	А	К	Л	О	К	И	Б	О	Ъ
И	Е	О	Щ	Д	Т	Г	Д	Ч	М	Е	Й	М	Х	Б	Н
К	Н	Ж	Н	Й	П	О	И	Ф	Р	А	К	Ц	И	Я	С
А	И	Ч	М	Р	Щ	В	У	В	Р	Н	Д	Д	Й	Щ	И
Й	Н	Е	Ч	И	Т	Е	С	Е	Д	Г	Ч	Ь	Л	Ц	Л

ЪГЛИ
АРИТМЕТИКА
КВАДРАТ
ОБИКОЛКА
ДЕСЕТИЧЕН
ДИАМЕТЪР
СТЕПЕН
УРАВНЕНИЕ
ФРАКЦИЯ
ГЕОМЕТРИЯ
ПРИЛИКА
ПОЛИГОН
РАДИУС
ПРАВОЪГЪЛНИК
СУМА
СФЕРА
СИМЕТРИЯ

21 - Sport

К	И	Ь	Е	С	У	П	Ь	Ю	К	Я	Д	Ф	Ь	Ч	Й
Б	О	П	Г	Г	Ф	В	Х	Т	П	Й	Ю	Г	Ц	Р	Е
Х	И	С	М	А	Ф	Ш	Е	Н	А	Г	Я	Т	З	А	Р
А	Р	Р	Т	Р	О	П	С	Л	Т	Р	Е	Н	Ь	О	Р
Т	П	Е	Т	И	Ц	Н	А	Т	И	Р	Х	Ь	К	Г	Г
С	П	О	С	О	Б	Н	О	С	Т	Ч	Х	Р	А	Н	А
О	Х	О	И	Т	З	Е	О	Ь	Д	Г	А	Г	И	Р	М
В	Е	Щ	Т	Я	Д	Д	Й	Ф	Ч	А	Щ	П	Н	У	А
И	К	С	Р	Л	Р	Ь	И	Д	Ж	О	Г	И	Н	Г	Р
Л	Е	Ц	О	О	А	Ц	Н	Е	Х	Й	П	М	Ь	К	Г
Ж	Й	Л	П	А	В	Я	И	Г	Т	Щ	Х	П	Х	Е	О
Ъ	И	П	С	Р	Е	Ц	П	Ц	К	А	Ю	Ь	Б	Н	Р
Р	Ж	С	В	С	Р	Д	Н	Ю	Е	Н	И	С	Т	Ю	П
Д	Ъ	Б	Т	И	Й	Ь	Р	Ф	Ч	С	Ч	И	Б	Н	Ц
З	А	К	О	Л	О	Е	З	Д	Е	Н	Е	Л	Я	Н	П
И	Д	Л	М	У	С	К	У	Л	И	Т	Е	А	Ь	Х	М

СПОРТИСТ
СПОСОБНОСТ
ТЯЛО
КОЛОЕЗДЕНЕ
ТАНЦИ
ДИЕТА
ИЗДРЪЖЛИВОСТ
ТРЕНЬОР
РАЗТЯГАНЕ
СИЛА
ДЖОГИНГ
УВЕЛИЧА
МУСКУЛИТЕ
ХРАНА
ЦЕЛ
КОСТИ
ПРОГРАМА
ЗДРАВЕ
СПОРТ

22 - Mythologie

Г	И	Т	Т	Ь	Ф	Г	К	Д	Ж	А	П	Л	Р	П	Д
Щ	С	Ю	В	Ш	Ж	Ч	У	Я	Ь	А	Ф	Т	Я	М	П
А	Р	Х	Е	Т	И	П	Л	Л	А	Б	И	Р	И	Н	Т
Щ	Ь	Л	Ш	Е	И	В	Т	С	Д	Е	Б	Н	А	В	О
Щ	М	П	Е	Ф	Е	Ш	У	С	Г	Ш	В	Ж	Б	Я	Т
О	А	О	Щ	Г	М	Ъ	Р	Г	О	Ъ	О	О	Л	Р	М
У	Г	В	И	Ф	Е	Ь	А	Я	И	Н	Л	Ъ	М	В	Ъ
А	И	Е	В	Ж	Н	Н	С	Л	Х	Е	В	Т	У	А	Щ
С	Ч	Д	О	Ц	А	Щ	Д	У	П	Т	Ц	Е	И	Н	Е
Ч	Е	Е	Д	М	В	Х	Н	А	Н	Р	Н	И	Р	И	Н
Н	С	Н	У	Т	А	Д	Г	Л	Е	Ъ	В	Н	Й	Я	И
Щ	К	И	Ч	Ч	Д	С	Е	И	Л	М	О	А	Й	Х	Е
Б	И	Е	Ц	Щ	З	Р	Р	С	Й	С	И	Д	Ю	Ш	Д
Ц	П	Л	Х	Щ	Ъ	Ь	О	П	Е	Ф	Н	З	А	Ч	Ъ
Я	Ц	В	Х	К	С	Ж	Й	Н	Ц	Ю	И	Ъ	А	Ц	Р
Б	Е	З	С	М	Ъ	Р	Т	И	Е	Д	Й	С	Ч	Л	Ю

АРХЕТИП
БЕДСТВИЕ
ПОВЕДЕНИЕ
СЪЗДАВАНЕ
СЪЗДАНИЕ
ВЯРВАНИЯ
КУЛТУРА
МЪЛНИЯ
СИЛА
ВОИН
ГЕРОЙ
БЕЗСМЪРТИЕ
РЕВНОСТ
ЛАБИРИНТ
ЛЕГЕНДА
МАГИЧЕСКИ
ЧУДОВИЩЕ
СМЪРТЕН
ГРЪМ
ОТМЪЩЕНИЕ

23 - Restaurant #2

Е	К	Ж	Е	Р	Ч	Ь	В	Ъ	Ж	А	С	О	Б	Я	Д
И	К	В	А	Р	П	Д	О	П	Р	Т	А	К	Ф	Ю	В
Ц	Т	О	Р	Т	А	Ц	Д	Ж	О	Т	Л	Щ	Б	Л	Л
У	Ю	Н	Ж	М	П	Е	А	Г	Ь	И	А	О	В	Я	Ф
Ч	А	Д	Ж	Т	У	П	Л	Ц	Т	Е	Т	Й	Е	Л	Щ
Н	Ш	Й	У	Г	С	Ш	Л	Н	И	Ь	А	Ю	Ч	Ц	Й
Е	И	П	И	Ю	Ъ	Е	М	Ю	В	Л	Б	В	Е	Л	Й
Л	Л	Л	Г	А	К	Р	А	Г	Р	С	И	Й	Р	С	Ш
Е	Ь	О	Ж	Ч	Х	Я	Г	Ъ	Е	А	Р	В	Я	Г	Ъ
З	И	Д	Т	Ь	В	Н	Й	Л	С	Ф	Ю	М	М	Й	И
Ь	Ч	О	С	Л	С	О	П	Ц	Н	Т	В	Ф	Ш	П	К
И	В	В	Л	Ъ	Ж	И	Ц	А	А	Н	О	Г	Л	Е	Г
К	Н	Е	С	У	К	В	М	У	Г	Р	Ш	Л	О	Ш	Ж
Л	Е	Д	С	О	Л	Н	А	П	И	Т	К	А	А	Х	Ф
Й	Г	Ь	Щ	Б	Т	Т	Н	О	Ъ	Л	Б	П	Б	И	У
Ь	Л	А	В	К	В	Н	В	Н	Ф	С	П	Д	А	И	С

НАПИТКА
СТОЛ
ЛЪЖИЦА
ОБЯД
ВКУСЕН
ВЕЧЕРЯ
ВОДА
ПОДПРАВКИ
ВИЛИЦА
ПЛОДОВЕ
ТОРТА
ЛЕД
ЗЕЛЕНЧУЦИ
ЮФКА
ЯЙЦА
РИБА
САЛАТА
СОЛ
СЕРВИТЬОР
СУПА

24 - Beauté

О	Щ	Т	Г	Ж	М	Ц	С	И	А	И	Ч	О	Ш	Е	Ц
Г	У	Щ	А	Ш	И	А	В	А	Р	Ш	А	С	А	Л	К
Л	Я	Ц	О	В	Р	Ц	С	Я	Ч	Л	Р	Ъ	М	Е	Ж
Е	К	Х	Ц	Ь	Г	И	Ц	Л	Т	Я	Е	Е	П	Г	Х
Д	Й	Р	Ч	А	Й	Ж	Ц	Ш	А	Ж	О	К	О	А	Ц
А	К	Д	А	Л	Г	О	Ч	Р	П	В	Д	Х	А	Н	Е
Л	Т	Н	Е	Ч	И	Н	Е	Г	О	Т	О	Ф	Н	Т	Л
О	Ж	К	Ъ	Ж	А	Л	А	Р	И	П	С	Ф	Я	Н	Е
Л	Т	Й	Щ	В	К	Ч	Е	Р	В	И	Л	О	Т	О	Г
У	С	Л	У	Г	И	Б	Л	А	Г	О	Д	А	Т	С	А
Я	И	Ц	Б	Н	Т	И	Г	А	Ч	Л	И	П	И	Т	Н
Ж	Л	Г	Ь	Ъ	Е	Н	Ь	О	Р	Щ	Е	К	Ь	П	Т
К	И	М	Т	Ъ	М	Ъ	М	Г	И	О	Щ	Ш	Х	Д	Е
Ъ	Т	Ь	В	Й	З	Ю	Х	И	А	Ш	М	П	А	Х	Н
Ф	С	Р	Г	В	О	Ю	Ь	Б	Ь	Ц	С	А	П	Ф	О
Н	А	Ъ	Ь	Ь	К	К	Ъ	Д	Р	И	Ц	И	Т	Р	Х

КЪДРИЦИ
ЧАР
НОЖИЦА
КОЗМЕТИКА
ЦВЯТ
ЕЛЕГАНТНОСТ
ЕЛЕГАНТЕН
БЛАГОДАТ
МАСЛА
ГЛАДКА
ГРИМ
СПИРАЛА
ОГЛЕДАЛО
АРОМАТ
КОЖА
ФОТОГЕНИЧЕН
ЧЕРВИЛО
УСЛУГИ
ШАМПОАН
СТИЛИСТ

25 - Avions

В	К	В	Н	Й	А	З	И	Д	У	К	Я	У	П	Г	У
И	О	Т	А	Р	Е	Ф	С	О	М	Т	А	Ь	Г	В	Б
Х	У	Д	З	Ъ	В	Ъ	Т	Ъ	Ж	Д	Щ	Л	С	В	Я
Й	С	В	О	В	И	Р	О	Г	Ю	Ш	Ю	Т	Р	Б	Ш
Ж	М	Т	В	Р	Г	Г	Р	Е	В	И	Т	Л	А	Р	П
Ь	Щ	П	Р	Ж	О	О	И	И	И	Ц	П	Ж	О	Х	А
Ж	Й	М	П	О	Щ	Д	Я	Н	Й	Н	Б	А	Л	О	Н
Д	О	С	Х	Ф	И	А	А	Е	Р	Е	Щ	П	Б	О	И
П	Ъ	Т	Н	И	К	Т	У	Ч	П	Б	Щ	И	Х	Ш	Ч
Ъ	В	Ю	У	Ш	Щ	П	Е	Ю	В	Е	Й	К	К	Б	О
П	О	С	О	К	А	У	Й	Л	А	П	Ъ	Е	А	А	С
Ш	К	В	К	Т	Е	Н	А	К	С	У	П	С	Ц	Б	И
Д	В	И	Г	А	Т	Е	Л	И	Ц	Т	А	Г	А	Х	В
Ш	Ц	К	Х	Д	Т	Д	Х	Р	Ч	В	В	Г	Н	Т	Т
Й	Ч	Я	Ф	С	Ч	И	Ь	П	Я	М	В	О	Е	Ш	Й
К	Б	Л	В	Й	Г	К	Ю	Й	П	И	Л	О	Т	Ч	Г

ВЪЗДУХ
АТМОСФЕРА
КАЦАНЕ
ПРИКЛЮЧЕНИЕ
БАЛОН
ГОРИВО
НЕБЕ
СТРОИТЕЛСТВО
СПУСКАНЕ
ДИЗАЙН
ПОСОКА
ЕКИПАЖ
ВИСОЧИНА
ВИТЛА
ИСТОРИЯ
ВОДОРОД
ДВИГАТЕЛ
ПЪТНИК
ПИЛОТ

26 - Aventure

Б	Г	Я	А	Н	Т	Я	Ф	Т	Ю	Щ	Т	Ш	Е	Н	К
Й	Е	И	К	Ъ	У	Б	П	Ц	Д	М	Р	Ц	Х	Ц	У
Б	Е	З	В	У	Р	Е	О	Р	Н	О	У	С	Е	Е	Ц
Я	Н	Р	О	К	Ш	Ф	Л	Ш	Е	Ъ	Д	Ъ	К	Ь	Ъ
А	П	У	Т	П	Р	А	Д	О	С	Т	Н	Я	Ц	Ж	Й
Е	Р	К	О	Ч	А	Д	Ъ	У	А	Т	О	И	Д	К	У
Я	И	С	Г	Р	М	С	Е	Е	П	С	С	Ц	Ф	Г	У
Ш	Р	К	Д	Е	Т	Я	Н	С	О	Ф	Т	А	Р	Н	Ч
П	О	Е	О	Р	Н	К	Ц	О	Т	Ъ	Ж	Г	Ъ	И	Ц
Д	Д	О	П	Ъ	Й	О	И	М	С	И	Х	И	П	Л	Ч
Е	А	Ш	А	Н	С	Я	В	К	Г	Т	Н	В	У	Е	Ъ
Й	Б	Е	Н	Т	У	С	И	А	З	Ъ	М	А	Л	Т	Я
Н	Е	А	Ч	И	Б	О	Е	Н	Ш	Ц	Н	Н	Ц	Я	К
О	К	Р	А	С	О	Т	А	В	У	Т	Ъ	П	К	И	Е
С	Ю	Б	Ю	Ь	Ю	Т	Ь	Г	Ю	Ь	Т	Щ	Х	Р	Я
Т	С	О	Н	Ж	О	М	З	Ъ	В	Х	У	Е	П	П	Ю

ДЕЙНОСТ
ПРИЯТЕЛИ
КРАСОТА
ШАНС
ОПАСЕН
ДЕСТИНАЦИЯ
ТРУДНОСТ
ЕНТУСИАЗЪМ
ЕКСКУРЗИЯ
НЕОБИЧАЕН
МАРШРУТ
РАДОСТ
ПРИРОДА
НАВИГАЦИЯ
НОВ
ВЪЗМОЖНОСТ
ПОДГОТОВКА
БЕЗОПАСНОСТ
ПЪТУВА

27 - Ville

С	Ф	У	Р	Н	А	Л	Е	Л	Г	Б	З	Л	Р	Ж	Л
Ч	У	У	Ч	И	Л	И	Щ	Е	А	И	О	К	Е	М	Е
М	Р	П	Т	Н	У	Ь	С	Т	Л	Б	О	Ж	С	М	Т
П	Б	Ю	Е	Ж	И	Ъ	О	О	Е	Л	П	С	Т	И	И
И	Ь	А	Т	Р	Л	Ь	Ф	Х	Р	И	А	Н	О	Л	Щ
П	Л	Е	И	А	М	Х	Ч	О	И	О	Р	Е	Р	Р	Е
Ъ	К	И	С	З	Я	А	Л	Н	Я	Т	К	И	А	Ч	А
Е	Ъ	М	Р	А	Ж	Ц	Р	И	И	Е	К	Р	Н	Г	П
К	П	А	Е	П	Р	И	Ш	К	К	К	Л	М	Т	М	Т
Ш	Ф	У	В	С	Ъ	Н	М	У	Е	А	И	У	Ь	Е	Е
Ц	Л	Ц	И	В	Т	Р	Р	Я	Я	Т	Н	З	А	Г	К
О	В	Щ	Н	Л	А	А	Я	Ь	Б	Ю	И	Е	С	М	А
К	И	Е	У	В	Е	Ж	Д	Т	Й	Ъ	К	Й	Я	Д	Ц
Ж	Б	Я	Т	Ц	Т	И	Й	И	Ч	В	А	М	О	Р	Б
Х	С	Х	Ь	А	К	Н	А	Б	О	Ь	Й	Г	Х	Ъ	К
У	Щ	Ц	П	Й	Р	К	Ъ	Ъ	Ш	Н	Я	Ъ	О	Г	Ь

ЛЕТИЩЕ
БАНКА
БИБЛИОТЕКА
ФУРНА
КИНО
КЛИНИКА
УЧИЛИЩЕ
ЦВЕТАР
ГАЛЕРИЯ
ХОТЕЛ
КНИЖАРНИЦА
ПАЗАР
МУЗЕЙ
АПТЕКА
РЕСТОРАНТ
СТАДИОН
СУПЕРМАРКЕТ
ТЕАТЪР
УНИВЕРСИТЕТ
ЗООПАРК

28 - Ingénierie

Ь	С	И	Е	Ф	Щ	Ф	О	О	Ь	С	С	Д	Х	Р	Ф
Й	И	Ъ	Н	В	Ж	Ь	А	Ш	Ю	Т	Т	Ъ	Ъ	А	Ц
Г	Л	Б	Е	Ъ	О	Ш	Ч	В	Р	Р	А	Л	Ц	З	С
Й	А	Р	Т	Е	Б	Т	С	В	Ъ	О	Б	Б	И	П	Т
И	Ю	К	Р	М	Щ	С	С	Ь	Г	И	И	О	З	Р	Р
А	З	И	Ъ	М	Б	О	С	О	Ъ	Т	Л	Ч	М	Е	У
Х	Н	Ч	В	И	Р	Н	Ф	Ь	Л	Е	Н	И	Е	Д	К
Ъ	У	Ч	И	Р	В	Ч	У	Н	В	Л	О	Н	Р	Е	Т
Ц	Ь	Т	М	С	Ъ	Е	Б	Й	А	С	С	А	В	Л	У
Ч	О	Щ	Б	Ф	Л	Т	Ж	О	Ю	Т	Т	Ю	А	Е	Р
Ф	О	Н	Д	Н	Ь	Е	Е	В	Ъ	В	Ь	Ф	Н	Н	А
Е	Н	Е	Р	Г	И	Я	Н	М	Й	О	О	С	Е	И	С
П	Ч	А	Д	И	З	Е	Л	И	А	Ь	Ш	Ц	Ф	Е	Щ
М	А	Ш	И	Н	А	Ф	С	Ч	Е	И	Т	Н	П	У	Т
Ч	В	Д	Ч	Е	Н	А	В	Ж	И	В	Д	А	З	М	Ж
Д	В	И	Г	А	Т	Е	Л	Д	И	А	Г	Р	А	М	А

ЪГЪЛ
ОС
ИЗЧИСЛЕНИЕ
СТРОИТЕЛСТВО
ДИАГРАМА
ДИАМЕТЪР
ДИЗЕЛ
РАЗПРЕДЕЛЕНИЕ
ЕНЕРГИЯ
СИЛА
ЛОСТОВЕ
ТЕЧНОСТ
МАШИНА
ИЗМЕРВАНЕ
ДВИГАТЕЛ
ДЪЛБОЧИНА
ЗАДВИЖВАНЕ
ВЪРТЕНЕ
СТАБИЛНОСТ
СТРУКТУРА

29 - Énergie

Е	Е	Т	Ь	Р	А	К	Ж	В	А	В	А	Х	Ж	С	И
Ц	Л	Т	Ж	Ч	Р	Н	О	Р	Т	К	Е	Л	Е	Р	Н
Н	Ъ	Е	Х	О	Ш	О	И	Й	Я	Я	Р	М	А	Е	Д
Ъ	Т	И	К	Ъ	Г	Т	У	Б	И	А	К	М	Щ	Д	У
Л	Ь	Б	Б	Т	В	О	Д	О	Р	О	Д	Х	О	А	С
С	А	Ж	Ц	А	Р	Ф	Д	Д	Е	У	Й	Е	Н	З	Т
С	Ш	Ь	Ш	М	Г	И	Ч	О	Т	Я	Т	А	Ф	А	Р
Л	Ю	Е	О	М	И	Й	Ч	Р	А	Ю	Ь	Б	И	М	И
Т	М	Ж	В	С	Х	И	У	Е	Б	Л	Й	Я	Д	Ъ	Я
О	Д	В	И	Г	А	Т	Е	Л	С	Р	Т	Г	Й	Р	И
П	Т	Р	Р	Г	Х	С	Ш	Г	Я	К	П	А	Ш	С	П
Л	Ю	Ю	О	Н	О	М	А	Ъ	Ц	Д	И	Р	Л	Я	О
И	Ч	Г	Г	Л	Н	Г	Л	В	В	Я	Т	Ъ	Р	В	Р
Н	Б	Е	Н	З	И	Н	Е	Р	Д	Я	Ф	У	Д	А	Т
А	В	Ъ	З	О	Б	Н	О	В	Я	Е	М	Р	М	Н	Н
Д	И	З	Е	Л	И	Я	Ю	Н	Щ	Л	Й	Ф	Ф	Е	Е

БАТЕРИЯ
ВЪГЛЕРОД
ГОРИВО
ТОПЛИНА
ДИЗЕЛ
ЕНТРОПИЯ
СРЕДА
БЕНЗИН
ЕЛЕКТРИЧЕСКИ
ЕЛЕКТРОН
ВОДОРОД
ИНДУСТРИЯ
ДВИГАТЕЛ
ЯДРЕН
ФОТОН
ЗАМЪРСЯВАНЕ
ВЪЗОБНОВЯЕМ
СЛЪНЦЕ
ТУРБИНА
ВЯТЪР

30 - Cuisine

Ъ	Ю	Т	С	Г	И	Ч	А	Ш	И	Н	А	К	Р	У	Б
С	А	Л	Ф	Е	Т	К	А	Ш	Т	И	О	О	Ш	Ф	Л
Х	К	И	Й	Е	Х	Ж	В	Ь	И	П	Й	Ж	Х	Щ	Ж
Л	Л	Л	О	М	Ч	Й	М	Ж	Х	В	Й	Г	О	Ч	Ж
А	И	П	Е	Щ	Д	Г	П	Г	Р	Г	Ф	А	Р	В	И
Д	Т	Ш	Р	Е	З	И	Р	Ф	А	Б	Ъ	Г	А	Ю	Е
И	С	Ф	Й	Ъ	Й	Ю	Ш	М	Н	К	В	Ж	В	Щ	Б
Л	Е	Е	Я	Д	Ч	Ю	М	В	А	Н	А	К	Т	Н	В
Н	Р	Ф	Ю	Ю	Ь	И	Ц	И	Ж	Ъ	Л	Л	Р	О	К
И	П	С	Ф	Р	Ъ	О	Ц	Я	С	К	А	Р	А	В	Б
К	И	Н	Й	А	Ч	Н	Ц	И	Р	А	И	О	П	А	Ф
П	О	Д	П	Р	А	В	К	И	Ф	В	И	Л	И	Ц	И
Р	Е	Ц	Е	П	Т	А	П	Щ	Ж	У	Я	Н	Ж	Л	П
Ч	Е	Р	П	А	К	Ъ	Д	Н	Н	Ь	Р	С	Х	Н	И
Ц	Щ	Р	Ъ	Щ	Ь	М	К	У	П	А	П	Н	Т	Й	Ж
Л	К	Б	Б	Р	С	Ъ	Ц	И	Ж	Е	Е	Ч	А	Ю	Х

ПРЪЧИЦИ
КУПА
ЧАЙНИК
ФРИЗЕР
НОЖОВЕ
КАНА
ЛЪЖИЦИ
ПОДПРАВКИ
ГЪБА
ФУРНА

ВИЛИЦИ
СКАРА
ЧЕРПАК
ХРАНА
БУРКАН
РЕЦЕПТА
ХЛАДИЛНИК
САЛФЕТКА
ПРЕСТИЛКА
ЧАШИ

31 - Corps Humain

Р	Ч	Д	М	С	Ч	Ч	Б	Б	Н	Б	Ч	Ч	Ф	Д	В
А	Е	Ц	Р	Ъ	С	В	В	Ъ	Р	К	Ъ	З	О	М	Р
М	Л	Н	П	И	Т	Р	П	А	Ж	А	Г	И	Г	Ъ	А
О	Ю	О	Н	Я	Л	О	К	Ю	Я	Т	Д	Я	Б	Д	Т
Г	С	С	Л	А	К	Ъ	Т	С	Т	С	Р	И	К	Щ	А
Л	Т	Г	У	С	Т	Н	И	Л	Т	У	П	К	Ч	И	П
Е	Ц	И	Л	Ф	Я	Ю	Г	Ш	С	О	Ч	М	О	К	У
З	У	Ц	Ю	А	Р	Ъ	К	А	Г	Х	М	У	Я	П	А
Е	Л	Х	Щ	Х	В	К	Е	А	Б	У	Б	А	М	А	Й
Н	Е	Д	Н	Ч	Н	А	Ц	Ю	Ч	Ь	Ц	К	Х	Р	Б
И	Ш	Щ	Г	К	П	Д	Ц	И	К	Ж	П	А	Р	Я	Р
Р	Ш	Т	Ш	Ъ	Р	К	Н	У	Ц	Ф	Ч	Ш	Ж	У	И
Й	Л	Г	К	Х	Ъ	Т	Ц	О	П	Ъ	Ю	В	Ф	К	Ж
М	В	Е	А	М	С	О	М	Г	С	П	Ъ	О	П	Л	Г
С	Ш	В	Ш	В	Т	К	О	Ж	А	Ж	Е	С	Л	К	Х
В	Х	Я	П	Ц	М	Г	Ч	Г	О	Ф	Т	И	К	Ж	Т

УСТА
МОЗЪК
ГЛЕЗЕН
ВРАТА
ЛАКЪТ
СЪРЦЕ
ПРЪСТ
СТОМАХ
РАМО
КОЛЯНО
УСТНИ
РЪКА
ЧЕЛЮСТ
БРАДИЧКА
НОС
УХО
КОЖА
КРЪВ
ГЛАВА
ЛИЦЕ

32 - Biologie

Е	В	О	Л	Ю	Ц	И	Я	Ф	В	Е	Ц	В	А	Г	Ф
М	У	Т	А	Ц	И	Я	Ю	О	Б	Н	Я	Д	Ц	П	Х
Б	Е	А	М	К	Д	И	Ъ	Т	Ь	З	А	Л	А	С	Ц
О	М	К	О	Н	О	М	Р	О	Х	И	Ъ	Щ	Л	Ч	Ь
З	Б	С	З	Н	Н	О	О	С	Й	М	Ц	У	Ъ	Т	Е
А	Р	В	О	Ш	Ь	Т	К	И	Т	И	Г	Ц	Щ	П	С
Й	И	Е	М	В	Р	А	У	Н	Е	Д	О	Р	И	Р	П
Н	О	У	О	Б	В	Н	Р	Т	Д	Г	Г	С	С	А	А
И	Н	Н	Р	П	А	А	О	Е	Л	П	У	И	Щ	Г	Н
К	Е	О	Х	Т	Р	К	Ч	З	Ю	Я	Ч	М	Ж	Й	И
Ю	Г	С	Ч	Ч	Я	О	Т	А	Щ	М	Е	Б	Н	Ш	С
Х	А	М	П	Ж	А	К	Т	Е	Л	К	Л	И	Е	Г	Щ
А	Л	О	Л	Г	Г	Г	Й	Е	Р	У	В	О	Р	Х	Д
Я	О	З	Ц	У	М	Щ	М	Ь	И	И	С	З	В	Ж	Ь
Ч	К	А	М	Б	Я	Х	Щ	О	Ц	Н	И	А	В	Ц	Ъ
О	П	У	Н	Е	В	Р	О	Н	Ж	Х	К	Ь	Ф	И	Ш

АНАТОМИЯ
БАКТЕРИИ
КЛЕТКА
ХРОМОЗОМА
КОЛАГЕН
ЕМБРИОН
ЕНЗИМ
ЕВОЛЮЦИЯ
ХОРМОН
БОЗАЙНИК
МУТАЦИЯ
ПРИРОДЕН
НЕРВ
НЕВРОН
ОСМОЗА
ФОТОСИНТЕЗА
ПРОТЕИН
ВЛЕЧУГО
СИМБИОЗА
СИНАПС

33 - Épices

А	Е	Ш	К	И	У	Х	Г	Е	Т	Г	Х	И	Й	Г	П
К	А	Р	Д	А	М	О	Н	Ч	Е	Ф	П	Ъ	П	К	Ф
Ж	Л	С	Е	Б	П	В	Г	К	Ю	Р	Т	Р	Ц	Х	У
О	Е	О	Л	П	Я	Ф	Ш	Я	Т	А	Н	Ъ	С	Е	Ч
К	Н	Л	И	Ш	И	Ц	М	Р	Ф	Ф	Н	Д	У	Ь	Е
У	А	Е	Б	А	Л	П	К	И	М	И	О	Н	К	К	Ъ
Р	К	С	О	Ф	И	И	Р	Р	К	Т	С	А	В	В	О
К	Ф	И	К	Р	Н	Й	Я	Ъ	Ч	М	А	И	Л	С	Ь
У	Ч	К	С	А	А	К	Ь	К	П	Л	Н	Р	Ч	У	Т
М	Ж	С	Н	Н	В	Д	Т	Т	О	О	А	О	Ч	Ф	К
А	Ю	Ъ	Е	Ю	Ч	И	Л	С	Ю	Ц	К	К	Т	Д	Щ
У	Щ	Й	Ж	Д	Ж	И	Н	Д	Ж	И	Ф	И	Л	К	Д
Ч	Е	Р	В	Е	Н	П	И	П	Е	Р	С	Е	Я	Ф	Е
А	Н	Ю	Ж	М	Й	К	С	Д	Г	О	Р	Ч	И	В	Й
Ш	П	Ш	Ф	Б	Ь	Ю	Я	Ч	Ш	У	Ж	Л	Щ	А	Ч
Н	Ф	С	Е	Н	К	Д	Х	Ч	Ч	Х	В	М	Н	У	П

КИСЕЛ
ЧЕСЪН
ГОРЧИВ
АНАСОН
КАНЕЛА
КАРДАМОН
КОРИАНДЪР
КИМИОН
КУРКУМА
КЪРИ
КОПЪР
ДЖИНДЖИФИЛ
ЛУК
ЧЕРВЕН ПИПЕР
ПИПЕР
ЖЕНСКО БИЛЕ
ШАФРАН
ВКУС
СОЛ
ВАНИЛИЯ

34 - Agronomie

З	О	К	Ч	Ю	Ь	Ь	С	Е	К	Д	Н	О	А	С	Я
Н	А	Ч	У	Я	К	Х	П	И	Н	Й	Д	Г	В	Е	И
Х	Д	М	И	Б	Н	Р	О	Т	С	Е	Щ	Ш	Т	Л	Н
Ь	Е	С	Ъ	В	Ц	А	М	Ч	С	Т	Р	Р	И	С	А
А	Р	Е	С	Р	Ю	Н	О	Ц	Т	Н	Е	Г	Й	К	В
Н	С	Ч	Ж	Ь	С	А	Я	В	У	А	А	М	И	И	Я
Е	Р	О	З	И	Я	Я	Ж	А	У	У	Ч	Ф	И	Я	Л
М	Ц	Ц	О	Щ	Й	Ф	В	Д	Е	К	М	Я	Ш	В	О
Е	К	О	Л	О	Г	И	Я	А	Щ	А	Е	Х	М	Щ	Б
С	Е	Ъ	В	О	Д	А	Й	Л	Н	М	Ф	П	Щ	М	А
Р	А	С	Т	Е	Ж	Я	Е	И	Л	Е	Д	Е	М	Е	З
И	Д	Е	Н	Т	И	Ф	И	К	А	Ц	И	Я	К	У	Ю
И	З	С	Л	Е	Д	В	А	Н	Е	Е	Л	Д	Г	Щ	Ч
З	Е	Л	Е	Н	Ч	У	Ц	И	Х	К	Ш	И	Ц	О	Ж
П	Р	О	И	З	В	О	Д	С	Т	В	О	К	Щ	Ъ	Б
Л	Ч	О	Ч	Г	И	У	Н	Т	Ф	Ч	Ь	Ф	Т	Ж	П

ЗЕМЕДЕЛИЕ
РАСТЕЖ
ВОДА
ТОР
СРЕДА
ЕКОЛОГИЯ
ЕНЕРГИЯ
ЕРОЗИЯ
УЧА
СЕМЕНА
ИДЕНТИФИКАЦИЯ
ЗЕЛЕНЧУЦИ
ЗАБОЛЯВАНИЯ
ХРАНА
ЗАМЪРСЯВАНЕ
ПРОИЗВОДСТВО
ИЗСЛЕДВАНЕ
СЕЛСКИ
НАУКА
СИСТЕМИ

35 - Science

М	П	У	М	Ю	Щ	Ю	Р	М	Х	П	Ч	Е	Н	Ф	О
Я	И	Г	К	Е	Д	Д	К	О	И	Р	А	К	А	Ф	В
С	Т	Н	Й	В	Т	М	Н	Л	Ш	И	С	С	Б	Л	К
В	П	Ъ	Е	Х	Щ	О	Ж	Е	Щ	Р	Т	П	Л	О	Ч
А	Т	О	М	Р	Л	Е	Д	К	Х	О	И	Е	Ю	Д	О
А	В	Х	Ф	Ш	А	Я	Р	У	И	Д	Ц	Р	Д	Х	Я
М	Б	М	А	Ц	Л	Л	Я	Л	М	А	И	И	Е	М	Щ
А	И	У	К	И	Ч	Е	И	И	И	Ъ	С	М	Н	Т	И
Х	Н	Н	Т	В	А	Я	Ц	Й	Ч	Ш	Р	Е	И	Ж	У
В	Н	Е	Е	Ж	И	Ч	А	Р	Е	Б	И	Н	Е	Ч	У
Ж	А	У	Е	Р	Е	У	Т	Т	С	Б	Ш	Т	Г	Р	Г
Ш	Д	Ь	У	Т	А	М	И	Л	К	Ю	Ъ	К	Ь	О	Е
Ф	И	З	И	К	А	Л	В	Я	И	Ц	Ю	Л	О	В	Е
Щ	Ч	В	О	Ц	Х	Ь	А	Х	И	П	О	Т	Е	З	А
Ъ	О	Й	Х	Щ	Я	И	Р	О	Т	А	Р	О	Б	А	Л
С	М	Ъ	З	И	Н	А	Г	Р	О	В	Я	Р	О	П	С

АТОМ
ХИМИЧЕСКИ
КЛИМАТ
ДАННИ
ЕКСПЕРИМЕНТ
ЕВОЛЮЦИЯ
ФАКТ
МИНЕРАЛ
ГРАВИТАЦИЯ
ХИПОТЕЗА
ЛАБОРАТОРИЯ
МЕТОД
МИНЕРАЛИ
МОЛЕКУЛИ
ПРИРОДА
НАБЛЮДЕНИЕ
ОРГАНИЗЪМ
ЧАСТИЦИ
ФИЗИКА
УЧЕН

36 - Vêtements

У	Д	П	Й	О	Т	Е	К	О	Л	А	Н	Ь	Е	К	Ф
Р	Ф	А	Й	Б	М	Н	Ь	Ц	Б	Н	М	Д	Ю	Ь	М
С	Е	Л	С	У	П	Ь	Н	П	Л	В	Ж	А	З	И	Р
П	Н	Т	У	В	Ж	Б	Ь	У	У	И	Т	Б	Ж	С	О
Ч	А	О	И	К	Н	Ъ	Д	М	З	Р	Р	У	Ж	И	Н
И	К	Н	У	А	В	С	Ъ	П	А	Г	Ж	Ь	Щ	М	П
Ю	Л	А	Т	Ш	А	Л	Л	О	Ш	А	П	К	А	С	Ш
Ж	И	К	Щ	А	Б	М	Н	Л	Р	О	К	Л	Я	А	Е
Ж	Т	О	Й	Б	Л	Щ	П	А	И	Х	Н	Л	Ш	Н	Р
М	С	М	Й	Ь	К	О	Р	С	Г	П	Ж	Ч	К	Д	Е
Т	Е	Ц	О	Ф	Г	Щ	Н	Е	К	Я	Щ	Ж	О	А	Ц
В	Р	П	Т	Д	Б	И	Ц	И	В	А	К	Ъ	Р	Л	Е
Ъ	П	Щ	П	Н	А	П	У	Л	О	В	Е	Р	Ф	И	У
Н	Д	М	Ф	Ф	Ь	Р	Г	О	Х	Ф	М	Щ	Х	Е	И
М	Ц	Ь	Ю	Т	Щ	В	Щ	К	Л	У	Ж	В	И	Щ	А
Д	Б	Д	Ц	Ю	С	К	Д	Л	Щ	Р	Ъ	К	Ч	П	Р

ГРИВНА
КОЛАН
ШАПКА
ОБУВКА
РИЗА
БЛУЗА
КОЛИЕ
ШАЛ
РЪКАВИЦИ
ДЪНКИ
ПОЛА
ПАЛТО
МОДА
ПАНТАЛОНИ
ПУЛОВЕР
ПИЖАМА
РОКЛЯ
САНДАЛИ
ПРЕСТИЛКА
ЯКЕ

37 - Arts Visuels

Г	Л	И	Н	А	Д	Я	Х	П	Х	К	Я	К	Ж	А	Б
Ш	Ь	Ь	А	Г	Р	Ъ	В	О	Ь	Д	Е	Ш	Н	О	О
А	М	Ш	Щ	Р	Ъ	Л	Я	М	Й	Б	Д	Ъ	Р	М	У
Б	И	О	М	Ю	Ж	Т	О	Ю	Е	О	П	Х	Б	Х	М
Л	Р	А	Л	Л	К	Ъ	С	О	В	Е	Я	Ь	О	Ъ	М
О	Р	Ф	С	И	А	В	И	Т	К	Е	П	С	Р	Е	П
Н	Ь	Я	Ъ	К	В	Т	Т	Х	У	Д	О	Ж	Н	И	К
Т	В	О	Р	Ч	Е	С	Т	В	О	Ч	Г	Ф	Т	С	П
В	Е	Ъ	А	Р	Х	И	Т	Е	К	Т	У	Р	А	К	О
К	С	Й	Ь	Р	Е	П	Ш	С	Т	А	Т	И	В	У	Р
Ж	Т	Ш	Б	Ь	Ю	О	С	Ж	А	С	Г	Ш	Й	Л	Т
Х	О	Д	О	И	Ф	В	Щ	Ъ	Н	Л	Ч	Е	Г	П	Р
С	Н	И	М	К	А	И	Я	К	С	Ш	Ц	Б	Ф	Т	Е
Ъ	Ф	Е	Л	Ъ	А	Ж	Ш	И	Щ	Т	Р	Е	Ф	У	Т
У	У	Ъ	И	Ъ	Р	Л	Ъ	К	П	О	А	Т	Ф	Р	Х
К	Й	Ф	Ф	К	Е	Р	А	М	И	К	А	В	М	А	Й

АРХИТЕКТУРА
ГЛИНА
ХУДОЖНИК
КЕРАМИКА
ШЕДЬОВЪР
СТАТИВ
ВОСЪК
СЪСТАВ
ТЕБЕШИР
МОЛИВ
ТВОРЧЕСТВО
ФИЛМ
ЖИВОПИС
ПЕРСПЕКТИВА
СНИМКА
ШАБЛОН
ПОРТРЕТ
СКУЛПТУРА
ДРЪЖКА
ЛАК

38 - Méditation

С	Д	Ю	Щ	М	А	А	Б	Ч	Ш	П	О	З	А	Ь	Б
Ъ	У	И	У	М	У	Т	Д	Д	Ж	Ю	В	У	М	Х	У
С	М	П	Ш	Ж	Л	З	Е	И	Н	А	М	И	Н	В	Д
Т	С	Р	Т	А	Т	Х	И	Ц	И	В	А	Н	А	Д	Е
Р	Т	И	И	Н	Н	Н	Н	К	Я	С	Н	О	Т	А	Н
А	В	Р	Ш	Ш	Ю	Е	Е	Н	А	Л	Е	П	С	Ю	Ю
Д	Е	О	И	Ю	Й	Ц	Ж	А	Ц	М	О	Е	О	Ш	В
А	Н	Д	Н	Й	Б	М	И	Б	Ц	А	К	Р	Н	К	Е
Н	Е	А	А	Г	Ь	И	В	Л	Г	Ь	О	С	Р	Н	О
И	Н	М	Й	Ь	К	Р	Д	Ю	Ъ	Ж	П	П	А	Д	Д
Е	А	Т	О	Р	Б	О	Д	Д	А	Р	С	Е	Д	В	Ь
Д	М	Е	И	Ц	Ъ	Й	Щ	Е	О	И	М	К	О	Ш	В
Ф	Е	О	Й	У	И	Л	Г	Н	Ц	О	У	Т	Г	Х	Ч
А	И	Ш	Ь	В	Ч	И	Ш	И	Ц	М	П	И	А	С	И
Б	Р	Я	Г	Х	Ф	П	Е	Е	К	Б	Ч	В	Л	Ъ	Г
С	П	Н	С	Е	П	Б	Щ	М	Ь	Н	Т	А	Б	Ц	Я

ПРИЕМАНЕ
ВНИМАНИЕ
СПОКОЕН
ЯСНОТА
СЪСТРАДАНИЕ
ЕМОЦИИ
БУДЕН
ДОБРОТА
БЛАГОДАРНОСТ
НАВИЦИ
УМСТВЕН
ДВИЖЕНИЕ
МУЗИКА
ПРИРОДА
НАБЛЮДЕНИЕ
МИР
ПЕРСПЕКТИВА
ПОЗА
ДИШАНЕ
ТИШИНА

39 - Littérature

С	Ъ	П	М	Я	У	М	Д	С	О	Ч	Н	С	Л	З	А
П	Т	Ъ	Е	Е	Ж	У	Ь	Т	Е	А	Ю	Р	Ч	А	Н
Б	Н	И	И	Р	Т	Р	Е	И	Х	В	Г	А	Г	К	Е
И	Л	Д	Х	Г	О	А	Я	Л	А	З	Ф	В	И	Л	К
О	Е	Ш	М	О	Г	М	Ф	Б	П	А	Н	Н	Г	Ю	Д
Г	Д	Ъ	Х	Л	Т	Д	А	О	Л	К	Г	Е	М	Ч	О
Р	Г	Р	П	А	А	В	Е	Н	Р	З	Е	Н	А	Е	Т
А	Р	И	Ш	И	Ц	Р	О	Т	В	А	И	И	Н	Н	Л
Ф	И	М	Ь	Д	Я	К	Р	Р	Н	Р	Н	Е	А	И	А
И	Т	А	К	В	Ь	Б	Л	Ш	Е	Ь	А	К	Л	Е	Н
Я	Ъ	М	С	Г	Ъ	П	У	Ч	И	Н	С	Н	О	Н	А
Ц	М	Е	А	Ц	И	Л	С	И	М	З	И	Д	Г	К	Л
Ь	Н	Т	Т	Р	А	Г	Е	Д	И	Я	П	Е	И	Т	И
В	Е	Р	Ю	Ч	Г	Х	Ф	С	Н	К	О	Х	Я	Ж	З
Е	В	К	С	Л	С	Н	Ь	Й	Н	П	Д	С	Я	Х	Ю
П	О	Е	Т	И	Ч	Е	Н	Т	Т	Н	О	Г	М	Ц	С

АНАЛОГИЯ
АНАЛИЗ
АНЕКДОТ
АВТОР
БИОГРАФИЯ
СРАВНЕНИЕ
ЗАКЛЮЧЕНИЕ
ОПИСАНИЕ
ДИАЛОГ
ИЗМИСЛИЦА
МЕТАФОРА
РАЗКАЗВАЧ
СТИХОТВОРЕНИЕ
ПОЕТИЧЕН
РИМА
РОМАН
РИТЪМ
СТИЛ
ТЕМА
ТРАГЕДИЯ

40 - Nourriture #1

Я	Ч	П	Т	Л	В	Г	Ч	В	Ч	Ц	Т	Т	К	Л	Н
Г	К	Й	Ц	Е	Ю	Т	Б	У	Ш	Х	Л	Я	Р	К	Н
О	Д	П	Л	П	Л	Д	О	Ъ	Ж	Н	Щ	С	Л	В	Р
Д	К	Ф	Ж	К	Т	Т	К	В	А	Б	Л	Н	О	Т	Я
А	Ш	У	Р	К	Д	Т	Л	П	Ж	Е	Х	П	К	К	П
Г	В	Я	Ш	Ц	Щ	Ь	Й	Й	Ч	Ш	Ю	Е	Я	И	А
Б	Щ	Р	Е	Н	П	М	К	Д	Р	Я	Ж	Ь	Л	М	П
М	Г	П	Ч	Я	У	Т	Ц	В	О	К	Р	О	М	Е	У
С	А	Л	А	Т	А	Т	Д	У	Б	Ю	С	П	К	Ч	С
Л	И	М	О	Н	Ч	Н	О	Х	Л	О	В	Б	Г	Е	М
Ъ	С	Ъ	Б	С	Е	В	Р	Ц	Й	И	С	С	Д	Ф	Е
Н	Б	Ц	Я	Ж	С	К	А	Н	Е	Л	А	И	Ъ	А	С
К	О	У	Р	П	Ъ	Щ	Х	Ж	Н	Ю	Ь	Е	Л	К	О
Н	Х	Б	Х	Й	Н	П	А	Щ	Н	О	А	Щ	Д	Е	В
С	П	А	Н	А	К	Р	З	Л	У	К	Ч	Ч	У	Ч	К
Ц	Ч	У	И	Ш	Б	А	Ю	О	Е	И	Р	С	В	В	А

ЧЕСЪН
БОСИЛЕК
КАФЕ
КАНЕЛА
МОРКОВ
ЛИМОН
СПАНАК
ЯГОДА
СОК
МЛЯКО

РЯПА
ЛУК
ЕЧЕМИК
КРУША
САЛАТА
СОЛ
СУПА
ЗАХАР
ТОН
МЕСО

41 - Jours et Mois

С	Е	Д	М	И	Ц	А	М	Д	К	Ч	А	А	М	М	К
О	К	Т	О	М	В	Р	И	Р	Р	Ш	В	Ю	Д	Н	А
С	Е	П	Т	Е	М	В	Р	И	Ю	Т	Г	В	Л	К	Л
Д	П	Ъ	К	Ч	Ь	Г	Ъ	Ю	Ш	Ц	У	Ъ	М	И	Е
Н	М	Г	К	Г	Я	Ш	Н	Д	Я	П	С	Ф	А	Н	Н
Ф	И	Н	И	Р	А	У	Н	Я	Ю	Х	Т	Р	Р	Р	Д
У	Е	С	Н	С	К	И	И	А	П	Р	И	Л	Т	О	А
С	И	Б	Л	К	Ъ	Т	Р	Ъ	В	Т	Е	Ч	Х	Т	Р
Я	Х	У	Е	Ъ	Ь	Ю	А	Д	Т	Н	Д	И	А	В	Ъ
С	Ч	С	Д	О	В	Б	У	Я	Х	В	Е	Ц	Н	Ш	Т
Ф	Ъ	П	Е	Й	Ш	Ю	Р	П	Е	Т	Ъ	К	О	К	Е
Ю	Ь	Б	Н	Б	Н	М	В	С	Р	Я	Д	А	Е	Ю	Ч
Е	Ч	Ш	О	П	Х	Ч	Е	Х	Е	Т	Ф	И	М	Н	Ь
Й	У	Б	П	Т	Х	У	Ф	С	Т	Р	М	Х	В	И	Й
Т	Б	Щ	П	О	А	Ф	П	Я	Е	Ъ	С	Е	Р	М	Б
Н	Е	Д	Е	Л	Я	Ч	В	Я	Ф	Ц	Т	У	И	Ф	Ь

АВГУСТ
АПРИЛ
КАЛЕНДАР
НЕДЕЛЯ
ФЕВРУАРИ
ЯНУАРИ
ЧЕТВЪРТЪК
ЮЛИ
ЮНИ
ПОНЕДЕЛНИК
ВТОРНИК
МАРТ
СРЯДА
МЕСЕЦ
НОЕМВРИ
ОКТОМВРИ
СЪБОТА
СЕДМИЦА
СЕПТЕМВРИ
ПЕТЪК

42 - Entreprise

П	Ч	Ф	А	Б	С	Ц	Е	О	И	Г	Б	И	К	А	А
Ш	А	Ш	Р	Ш	И	Л	Е	М	А	Г	А	З	И	Н	Я
Я	Т	Р	Ч	Ь	Ф	А	У	Н	Т	И	В	С	Я	Ж	А
П	У	Й	И	М	О	Х	Р	Ж	А	Р	Е	И	Р	А	К
Е	Л	К	М	Ъ	Л	Я	И	Ц	И	Т	С	Е	В	Н	И
Ч	А	Я	Х	Ц	Е	Ь	У	Щ	Ц	Т	Л	И	Г	Р	Р
А	В	И	Х	Х	Ю	Р	А	А	Ъ	Е	Е	М	Л	М	Б
Л	Ю	Ц	С	Т	О	К	И	М	Н	Ж	Т	Л	Я	Н	А
Б	Щ	К	Ф	И	Р	М	А	Ш	А	Д	А	Л	Л	М	Ф
А	Ъ	А	Я	Ч	Т	С	Ц	С	Д	Ю	Д	О	Х	О	Д
Ц	К	З	А	Я	Й	Е	Н	Ч	Ю	Б	О	Ч	М	Ц	Ъ
Ф	И	Н	А	Н	С	И	Ц	Ч	Я	Ч	Т	Ю	И	Ь	Н
Ф	В	А	К	И	М	О	Н	О	К	И	О	Т	П	Й	Ц
Н	Х	Р	В	Л	У	И	Ъ	Ю	К	Ш	Б	Й	Т	Х	Т
У	О	Т	Н	А	Е	П	Ж	А	Б	Ж	А	Д	О	Р	П
Р	Д	Ь	Ъ	Ф	Ц	Й	Ф	Б	Ъ	С	Р	Д	А	Ь	Ю

ПАРИ
МАГАЗИН
БЮДЖЕТ
ОФИС
КАРИЕРА
ЦЕНА
ВАЛУТА
РАБОТОДАТЕЛ
СЛУЖИТЕЛ
ФИРМА
ИКОНОМИКА
ФИНАНСИ
ДАНЪЦИ
ИНВЕСТИЦИЯ
СТОКИ
ПЕЧАЛБА
ДОХОД
ТРАНЗАКЦИЯ
ФАБРИКА
ПРОДАЖБА

43 - Activités

Ч	У	Т	Е	Т	Д	И	Е	Б	Ю	Л	И	Д	Ф	У	И
Ч	Е	У	Ж	Щ	К	Л	Ю	Ю	Ъ	Х	З	Е	О	А	Н
Ъ	Ж	Т	Я	А	К	И	М	А	Р	Е	К	Й	Т	Н	Т
Щ	У	И	Е	Р	И	Б	О	Л	О	В	У	Н	О	Ъ	Е
Д	Р	К	В	Н	Д	С	Р	Ч	И	У	С	О	Г	Ц	Р
Ч	И	Н	Ъ	О	Е	М	А	Г	И	Я	Т	С	Р	И	Е
Ш	Ъ	Б	Ф	М	П	Я	У	Л	Ц	Ч	В	Т	А	Г	С
Ш	И	Е	Н	Е	П	И	У	Щ	Н	Е	О	Б	Ф	Р	И
П	Т	Щ	Ч	Т	Щ	И	С	А	А	Н	Й	В	И	И	Ф
Ц	У	Р	Л	А	П	Щ	Н	М	Т	С	У	Ш	Я	Т	У
Я	Р	Ч	Р	Б	Х	Я	Ь	Г	Г	Ъ	Щ	Ц	Н	Я	М
Е	И	В	Т	С	Л	О	В	О	Д	У	Г	И	Ч	А	Е
Я	З	Г	Р	А	Д	И	Н	А	Р	С	Т	В	О	Н	Н
Ь	Ъ	С	Ч	Р	Е	Л	А	К	С	А	Ц	И	Я	А	И
Е	М	У	М	Р	Е	У	Н	О	Д	П	Ж	Р	А	З	Е
С	Т	Е	Ц	Р	Т	М	И	Я	У	Ч	Л	О	В	Ф	С

ДЕЙНОСТ
ИЗКУСТВО
ЗАНАЯТИ
КЪМПИНГ
КЕРАМИКА
ЛОВ
УМЕНИЕ
ШИЕНЕ
ТАНЦИ
ИНТЕРЕСИ
ГРАДИНАРСТВО
ИГРИ
ЧЕТЕНЕ
МАГИЯ
ЖИВОПИС
РИБОЛОВ
ФОТОГРАФИЯ
УДОВОЛСТВИЕ
ТУРИЗЪМ
РЕЛАКСАЦИЯ

44 - Fleurs

М	Ц	Я	М	Д	Б	Г	О	М	Л	Ь	Г	В	Л	Ю	Х
Ц	А	Ю	А	Е	О	Щ	Ш	Р	Ф	Р	Я	Б	О	Й	И
Р	Л	Г	И	Л	Ж	Ш	Е	Г	Х	О	Ю	Я	Я	Ю	Б
М	У	М	Н	Г	У	Й	Ц	А	Ф	И	Е	М	А	К	И
Ц	Д	А	Д	О	Р	Н	Ч	Р	Д	Х	Д	Л	К	Я	С
В	Н	Р	Е	Ч	Л	А	П	Д	В	К	Х	Е	Ш	Л	К
Е	А	Г	Т	Н	Й	И	Ц	Е	Л	А	Л	Г	Я	Ю	У
Н	В	А	Е	Ъ	П	Т	Я	Н	Ч	В	Р	Й	И	Л	С
Ч	А	Р	Л	Л	Ж	Щ	С	И	Ц	Р	А	Н	Л	Б	К
Е	Л	И	И	С	А	А	Е	Я	Х	О	А	У	И	Л	А
Л	П	Т	Н	У	С	Ш	Ъ	Л	В	А	З	Х	Л	У	Я
И	Ш	К	А	Ь	М	Д	О	Ч	К	Й	О	Г	У	Ю	А
С	Ю	А	Ш	Х	И	Ъ	Ь	Л	Я	Я	Р	Я	Ч	Л	Ж
Т	Е	К	У	Б	Н	Н	Ф	Ж	О	Х	О	Ь	Ч	Щ	Г
Ч	Ф	Ш	А	Н	Л	Й	Щ	Г	Р	К	Ю	Г	С	С	У
Е	Л	Р	И	Ш	Л	Н	Н	Ь	Щ	Ч	У	С	Ъ	Ь	Щ

БУКЕТ
ГАРДЕНИЯ
ХИБИСКУС
ЖАСМИН
НАРЦИС
ЛАВАНДУЛА
ЛЮЛЯК
ЛИЛИЯ
МАГНОЛИЯ
МАРГАРИТКА
ОРХИДЕЯ
МАК
ВЕНЧЕЛИСТЧЕ
ГЛУХАРЧЕ
БОЖУР
РОЗА
СЛЪНЧОГЛЕД
ДЕТЕЛИНА
ЛАЛЕ

45 - Nourriture #2

Щ	Ъ	П	С	Г	К	С	И	П	Ь	К	Ш	И	Ч	Т	Т
О	Ь	Щ	Н	Ь	Б	Б	М	Ж	Б	Е	Р	У	Ъ	Л	К
Г	Ъ	Б	А	Ш	Е	Р	Е	Ч	Р	И	Е	С	Д	Т	Ж
Н	А	Ж	Д	А	Л	Т	А	П	О	Х	Л	Я	Б	В	Ю
А	А	К	Щ	Б	П	Щ	Ц	Н	К	Ц	Д	Ю	С	К	Щ
М	С	Н	Ъ	И	О	Е	Д	З	О	Р	Г	О	Ж	М	Н
М	Ю	О	А	Р	Л	О	А	Ь	Л	Ц	Х	Ф	М	Й	Б
С	В	Р	И	Б	Ц	А	Л	Ц	И	Д	Л	Т	Б	А	У
А	Е	И	Т	С	Й	К	О	Г	И	Г	Ю	Т	М	Ш	Т
Ц	Х	З	Щ	Ч	Д	Ч	К	Ъ	П	А	О	Р	А	П	Ъ
И	Ч	У	Г	Б	Ъ	А	О	Я	Ж	Г	Я	Й	Ц	Е	П
Н	В	Ъ	У	Г	Й	У	Ш	Н	А	М	О	П	Ш	Ч	И
Е	А	И	Я	Б	Ъ	Л	К	А	В	У	Ц	Т	П	Ш	Л
Ш	У	Н	К	А	Н	Ц	Ц	У	Ш	Ф	Р	Ж	Ю	Ч	Е
П	Л	У	Ч	Н	Р	Б	А	Д	Е	М	Б	Й	Ц	У	Б
Ц	Е	Л	И	Н	А	Т	Ь	Ч	Ъ	Н	А	А	Ъ	Д	Ж

БАДЕМ
ПАТЛАДЖАН
БАНАН
ПШЕНИЦА
БРОКОЛИ
ЧЕРЕША
ЦЕЛИНА
ГЪБА
ШОКОЛАД
ШУНКА
КИВИ
МАНГО
ЯЙЦЕ
ХЛЯБ
РИБА
ЯБЪЛКА
ПИЛЕ
ГРОЗДЕ
ОРИЗ
ДОМАТ

46 - Algèbre

Г	Ю	Е	К	Л	Ъ	У	Й	К	Ш	Ю	Ф	И	Р	Н	Ъ
Ч	Р	Щ	Ж	Ч	Й	И	М	Ю	Д	Я	А	З	Е	У	Ж
Ф	О	А	М	А	Р	Г	А	И	Д	Ц	Л	В	Ш	Л	Ф
Х	Т	Х	Ф	Ъ	Н	Д	Ц	Ъ	Н	Ш	Ш	А	Е	А	Р
С	К	А	С	И	Т	С	О	Р	П	О	И	Ж	Н	П	А
Я	А	Ц	О	Н	К	Г	У	Щ	Д	Х	В	Д	И	Я	К
Ш	Ф	И	Ш	И	Ж	А	М	Я	П	Ь	Х	А	Е	Ф	Ц
С	П	Р	О	М	Е	Н	Л	И	В	Ъ	У	Н	Ж	Г	И
О	В	Т	С	Е	Ч	И	Л	О	К	Н	Г	Е	Ю	Т	Я
Ъ	Л	А	О	Л	Ю	Б	Н	Н	Ж	Я	О	Р	Ц	К	С
Я	Ъ	М	Л	Б	У	О	Е	Е	А	Л	У	М	Р	О	Ф
Х	Д	Е	Д	О	Х	К	Е	П	Н	И	У	Е	Е	Щ	О
Ь	И	Д	Й	Р	Ч	С	Н	Е	И	В	У	Д	Ж	Р	В
Ж	Т	П	Х	П	Й	Ш	И	Т	Ъ	Ж	А	Ъ	С	Г	Ц
О	А	И	У	У	И	Я	Л	С	Ц	Я	Т	Р	У	Д	Ь
Б	Е	З	К	Р	А	Е	Н	П	Я	П	Ж	Ш	У	А	А

ДИАГРАМА
СТЕПЕН
УРАВНЕНИЕ
ФАКТОР
ФАЛШИВ
ФОРМУЛА
ФРАКЦИЯ
ГРАФИКА
БЕЗКРАЕН
ЛИНЕЕН
МАТРИЦА
НОМЕР
СКОБИ
ПРОБЛЕМ
КОЛИЧЕСТВО
ОПРОСТИ
РЕШЕНИЕ
ИЗВАЖДАНЕ
ПРОМЕНЛИВ
НУЛА

47 - Océan

С	Е	У	М	Й	Р	Т	Д	Б	Л	Я	Т	О	Н	З	С
Т	В	Ю	Б	Н	Ю	П	К	У	О	Ь	И	У	Т	М	К
В	Ж	П	В	С	Р	И	Ф	Р	Д	Ч	К	А	О	И	А
О	Г	Ц	Л	Н	Т	Й	П	Я	К	Б	Д	А	Л	О	Р
К	К	О	Р	А	Л	Р	У	П	А	Ь	Р	Я	Н	Р	И
Т	Д	Е	Л	Ф	И	Н	И	Ф	Р	А	К	И	Ъ	К	Д
О	Б	Ь	А	К	У	Л	А	Д	Х	К	Ш	Л	Б	А	И
П	М	Ф	З	В	С	О	Б	Ч	А	Р	Ж	С	Д	А	О
О	Г	В	У	Е	Ъ	С	Ъ	А	Ц	У	Ъ	А	Ф	Г	Х
Д	Н	Ц	Д	Б	Ь	Л	Г	Й	Г	Н	Ж	Р	Я	Л	У
В	Я	Ю	Е	Й	Е	Ш	Н	Л	Ъ	Е	Й	О	Ч	Г	М
П	П	Г	М	Б	Ш	Б	С	И	Ф	Т	У	Д	Ж	У	Щ
С	Е	П	Х	Ж	Щ	Е	В	О	Д	С	М	О	Л	Р	Ц
Ь	В	Ю	Ь	В	Л	Г	Ф	Т	Т	О	Ц	В	А	Ц	Н
М	Ш	Д	Щ	Ш	Е	Щ	Д	Р	Ж	К	Я	С	Ф	Ф	О
М	Д	Ч	Н	К	Л	Я	Ч	У	Е	Е	Р	И	Ш	Н	М

ВОДОРАСЛИ
ЗМИОРКА
КИТ
ЛОДКА
КОРАЛ
РАК
СКАРИДИ
ДЕЛФИН
ГЪБА
СТРИДА
МЕДУЗА
РИБА
ОКТОПОД
АКУЛА
РИФ
СОЛ
БУРЯ
ТОН
КОСТЕНУРКА
ВЪЛНИ

48 - Remplir

К	А	Н	Р	Ю	Б	Р	О	Х	Ъ	Б	Х	Й	Ъ	Е	Щ
У	С	Ш	Ф	Т	Ю	Ф	В	А	Н	А	У	У	Ъ	К	А
Т	Ш	Ф	С	Ч	П	А	К	Е	Т	К	Ц	Р	Б	А	Й
И	Г	Ш	Ю	А	Б	К	И	Ш	Ц	П	О	С	К	З	Г
Я	Ь	В	Ж	Н	А	О	Л	И	Х	А	Л	Р	Н	А	А
Д	Ж	О	Б	Т	С	Ш	П	Ш	С	П	Т	А	А	В	Н
Я	Ж	М	У	А	Е	Н	Е	С	Ц	Ш	Ф	Ф	Б	Б	Е
Ц	Л	С	О	В	Й	И	Т	К	К	К	У	У	Ъ	Ж	Е
Х	У	Д	М	А	Н	Ц	В	Н	Л	М	Ъ	К	Р	Т	Л
Д	Ж	К	Ю	Т	Ь	А	Ф	О	К	Ц	Ч	Б	Т	Л	У
Ч	Е	К	М	Е	Д	Ж	Е	Ш	И	Ъ	М	Ь	Ч	Р	А
Л	П	И	Г	О	В	Д	Ъ	П	П	Е	Ю	Я	Р	Ч	Щ
Б	Р	Щ	Ъ	К	В	Р	Н	Н	М	Е	М	Ж	Д	У	Ъ
О	Ч	Л	Х	Т	Б	Ц	Ц	Щ	У	С	Р	Я	В	С	П
Б	П	Ж	А	Щ	С	Т	Ь	Х	Ъ	Ъ	Ш	Б	У	Ц	П
Л	Ф	Ч	У	Ш	Щ	В	Ь	Х	М	П	Ц	А	Ь	Б	Р

ВАНА
ЦЕВ
БАСЕЙН
КУТИЯ
ШИШЕ
ЩАЙГА
ПАПКА
ПЛИК
КОРАБ
КОШНИЦА
ПАКЕТ
ТАВА
ДЖОБ
БУРКАН
ЧАНТА
КОФА
ЧЕКМЕДЖЕ
ТРЪБА
КУФАР
ВАЗА

49 - Antiquités

Р	Ф	Д	Б	Я	Р	К	Е	Ф	Ш	О	Г	Ц	Л	И	Т
У	Г	Й	Т	И	Ь	А	Ц	С	Ц	Ъ	В	Ь	Х	Н	Ъ
С	Г	Л	Л	Р	Ж	О	В	Т	С	У	К	З	И	В	Р
Д	Б	У	Т	Е	Н	У	Ф	И	Т	Е	Н	О	М	Е	Г
Е	Й	Я	Ъ	Л	К	К	Т	Л	Н	Е	У	А	Ъ	С	Н
К	Ш	Й	К	А	В	А	М	А	К	О	Ъ	Ф	Н	Т	Е
О	Е	Ж	Т	Г	Ж	Ч	Ч	Е	Ц	Е	Н	А	А	И	О
Р	Ч	О	Ъ	В	Е	К	Ш	Е	Б	Г	Н	К	В	Ц	Б
А	Р	У	Т	П	Л	У	К	С	С	Е	Г	Т	Т	И	И
Т	С	О	Н	Й	О	Т	С	Р	Ш	Т	Л	Б	Е	Я	Ч
И	Н	И	Т	Р	А	К	Щ	Ч	Ю	Ш	В	И	Н	Г	А
В	Д	Е	С	Е	Т	И	Л	Е	Т	И	Я	О	Т	Х	Е
Е	Е	Ь	Ч	Х	Л	А	С	А	С	П	Ш	Ц	И	С	Н
Н	Е	Т	Н	А	Г	Е	Л	Е	Т	П	Ц	М	Ч	Ж	А
Н	Ш	Т	К	П	Е	Г	Х	Ф	А	Ч	Л	Т	Е	А	Ч
Ъ	Б	Х	О	Ф	Ь	Щ	А	Ф	Р	Л	Ю	Ф	Н	Г	Ш

ИЗКУСТВО
АВТЕНТИЧЕН
БИЖУТА
ДЕСЕТИЛЕТИЯ
ДЕКОРАТИВЕН
ТЪРГ
ЕЛЕГАНТЕН
ГАЛЕРИЯ
НЕОБИЧАЕН
ИНВЕСТИЦИЯ
МЕБЕЛИ
КАРТИНИ
МОНЕТИ
ЦЕНА
КАЧЕСТВО
СКУЛПТУРА
ВЕК
СТИЛ
СТОЙНОСТ
СТАР

50 - Ballet

М	У	С	К	У	Л	И	Т	Е	Я	А	Т	Ъ	Р	С	А
Х	Ф	М	Ц	О	В	Р	О	Т	И	З	О	П	М	О	К
Т	А	Н	Ц	Ь	О	Р	И	С	Ц	Ф	Ф	Я	Ц	Л	И
О	Р	К	Е	С	Т	Ъ	Р	Е	И	С	Т	И	Л	О	З
Ш	Н	Л	В	Х	М	Е	С	Ж	Т	Е	И	Ф	Р	Я	У
Г	Ю	Я	Ч	А	К	И	Н	Х	Е	Т	Д	А	Щ	Т	М
С	Ц	Л	Д	Й	Ъ	Р	К	Й	П	Н	Й	Р	Ж	Р	Ь
А	К	И	Т	К	А	Р	П	М	Е	П	Ц	Г	Ч	Н	Ц
Н	Т	Б	Л	Р	Ч	Ш	Ю	Г	Р	Ш	Ф	О	Ж	Н	Ж
И	З	Р	А	З	И	Т	Е	Л	Е	Н	Я	Е	Б	Д	С
Р	Р	И	Т	Ъ	М	Й	У	Ц	П	Г	Й	Р	Ю	Е	Ю
Е	Л	Ь	Я	И	Т	Н	Е	М	С	И	Д	О	Л	П	А
Л	Н	Ц	Ь	Д	Х	П	Ь	Ц	Е	Ю	С	Х	Т	Т	П
А	Р	Т	И	С	Т	И	Ч	Е	Н	Н	Д	Г	М	И	Ю
Б	Ь	Щ	И	М	С	Р	К	Ф	А	К	И	Л	Б	У	П
И	Н	Т	Е	Н	З	И	Т	Е	Т	О	О	Е	В	Ц	А

АПЛОДИСМЕНТИ
АРТИСТИЧЕН
БАЛЕРИНА
ХОРЕОГРАФИЯ
УМЕНИЕ
КОМПОЗИТОР
ТАНЦЬОРИ
ИЗРАЗИТЕЛЕН
ЖЕСТ
ИНТЕНЗИТЕТ
МУСКУЛИТЕ
МУЗИКА
ОРКЕСТЪР
ПРАКТИКА
ПУБЛИКА
РЕПЕТИЦИЯ
РИТЪМ
СОЛО
СТИЛ
ТЕХНИКА

51 - Fruit

Ф	Р	У	А	Л	О	Ч	Е	С	Б	Й	С	Ж	С	Е	М
Д	К	С	Ш	Х	Г	А	Н	У	В	Й	Й	О	Ю	О	Р
Р	Й	Й	П	Р	Н	Ж	Я	Х	Б	Е	Р	И	У	С	Е
Ч	Е	Р	Е	Ш	А	В	А	У	Г	Х	Ж	Р	Г	И	Ж
В	Г	Е	Й	Е	М	Ж	П	Д	Ь	У	Б	Н	И	Н	Ю
К	И	В	И	П	Л	Ф	А	Л	Г	Р	Х	А	А	И	Щ
У	Н	Ь	Й	Ъ	П	У	П	Ъ	Г	Ъ	Е	Н	Н	Р	Ь
Г	Е	У	Ю	П	Г	Р	О	З	Д	Е	И	А	Л	А	О
Н	Х	Г	Р	Р	П	М	А	Ю	Я	Н	Й	Б	Й	Т	Д
Ж	Ц	Ь	Ц	Ж	К	Ж	А	Б	Е	М	Ф	Ъ	У	К	А
Я	Н	И	К	О	М	С	Щ	Л	Б	Б	Ь	Щ	Ю	Е	К
И	Б	Ч	Т	Ф	М	Д	Р	К	И	В	Б	Ц	Г	Н	О
С	С	Ъ	С	П	С	Ъ	Ц	Ь	Х	Н	О	М	И	Л	В
Й	М	Г	Л	Т	Ч	Б	Ч	Й	Н	С	А	Н	А	Н	А
А	Ш	У	Р	К	Ж	П	Р	А	С	К	О	В	А	Я	Ф
К	Х	Ь	Л	О	А	К	Х	Ь	Т	Ь	Й	Р	Б	О	Д

КАЙСИЯ
АНАНАС
АВОКАДО
БЕРИ
БАНАН
ЧЕРЕША
ЛИМОН
СМОКИНЯ
МАЛИНА
ГУАВА

КИВИ
МАНГО
ПЪПЕШ
НЕКТАРИН
ОРАНЖЕВ
ПАПАЯ
ПРАСКОВА
КРУША
ЯБЪЛКА
ГРОЗДЕ

52 - Technologie

А	Ж	Т	Е	К	П	Х	Ю	Е	Е	Й	С	Ц	Ш	Ц	Е
Л	И	Г	Ъ	Щ	Ф	Ч	У	К	Е	В	О	Т	Й	А	Б
Я	Ш	Н	Е	Л	А	У	Т	Р	И	В	Ф	С	Е	Р	И
Щ	Ц	Ф	Н	Ю	Ь	Ф	И	А	Н	И	Т	О	Л	Е	З
Ш	Ц	П	У	А	Я	Ч	Ю	Н	Е	Ю	У	Н	П	М	С
И	Р	Е	Ъ	С	Д	Е	Е	Ш	Щ	Т	Е	Р	С	А	Л
Н	П	И	Р	Ъ	З	У	А	Р	Б	Ж	Р	У	И	К	Е
Т	Я	Л	Ф	Б	У	Ц	К	Ъ	О	Ь	Ч	Г	Д	Щ	Д
Е	Ю	Щ	М	Т	Р	Р	И	Т	Ъ	С	Г	И	Щ	С	В
Р	В	Ф	У	Д	А	Ш	Т	Ю	С	Я	Р	С	Ш	А	А
Н	М	А	Х	Р	Л	Л	С	П	Р	Ь	У	У	Т	Д	Н
Е	И	Й	П	О	В	Ч	И	М	Ц	Ц	Б	Ч	К	Ц	Е
Т	Х	Л	Б	Р	Ц	Х	Т	О	Ъ	Ш	Л	И	Н	С	Ш
В	И	Р	У	С	Х	Д	А	К	Ф	Н	О	П	У	Я	О
К	Р	Щ	Б	К	Р	Д	Т	Я	Е	Ь	Г	Щ	Р	Ю	Е
Ю	Ю	Х	Х	М	Б	М	С	Ч	Ц	И	Ф	Р	О	В	Е

ДИСПЛЕЙ
БЛОГ
КАМЕРА
КУРСОР
ДАННИ
ЕКРАН
ФАЙЛ
ИНТЕРНЕТ
СОФТУЕР
СЪОБЩЕНИЕ
БРАУЗЪР
ЦИФРОВ
БАЙТОВЕ
КОМПЮТЪР
ШРИФТ
ИЗСЛЕДВАНЕ
СИГУРНОСТ
СТАТИСТИКА
ВИРТУАЛЕН
ВИРУС

53 - Musique

Р	Н	Е	Л	А	К	И	З	У	М	Г	Ь	В	Ц	Г	Л
Н	Е	Ч	И	Р	И	Л	М	В	Т	Я	Л	К	Ж	Д	Н
К	Ч	В	О	К	А	Л	Д	Д	Р	Т	Р	Ю	Ь	Х	Ч
Р	И	Т	Ъ	М	У	Б	Л	А	Л	М	Ч	П	У	А	Е
Ъ	Т	Н	И	Ь	У	Т	У	Р	В	Ш	Б	Ц	Б	Р	Ж
И	Е	А	Ъ	М	Ж	Ц	О	Е	О	И	А	З	Р	М	Е
Ч	О	К	Ш	К	П	Х	У	П	П	Ц	И	А	И	О	Ь
Р	П	И	Д	Ш	Л	Р	Ю	О	М	Е	Й	П	Т	Н	Ч
Ь	Ь	З	С	Т	В	А	О	Я	Е	В	Я	И	М	И	Я
Ъ	Р	У	И	Г	Р	Х	С	В	Т	Е	Р	С	И	Я	Й
Л	Т	М	К	Р	Ю	М	М	И	И	П	Х	Т	Ч	И	И
Ъ	Ъ	Т	Т	В	Ь	В	Р	Ф	Ч	З	Ж	Г	Е	Д	Н
И	Н	С	Т	Р	У	М	Е	Н	Т	Е	И	Я	Н	О	Щ
Б	Ш	Т	Ц	Г	Б	А	Л	А	Д	А	С	Р	Г	Л	Г
Ч	Щ	Х	Ш	Ф	Б	Р	О	А	В	Й	Ь	К	А	Е	Ч
П	К	Ъ	Й	Ч	И	Ж	Н	О	Ф	О	Р	К	И	М	Ь

АЛБУМ
БАЛАДА
ПЕЯ
ПЕВЕЦ
КЛАСИЧЕСКИ
ЗАПИС
ХАРМОНИЯ
ИМПРОВИЗИРАМ
ИНСТРУМЕНТ
ЛИРИЧЕН

МЕЛОДИЯ
МИКРОФОН
МУЗИКАЛЕН
МУЗИКАНТ
ОПЕРА
ПОЕТИЧЕН
РИТЪМ
РИТМИЧЕН
ТЕМПО
ВОКАЛ

54 - Météo

Х	Я	М	А	Ю	В	Р	Д	Р	Т	Ж	В	Г	Ъ	С	М
М	К	У	Ъ	А	Р	Е	Ф	С	О	М	Т	А	А	П	Н
Н	Ш	С	Ц	Д	Ъ	Е	Н	И	Р	Г	К	Ь	К	О	Е
Д	Л	О	Ю	Б	Т	Ф	А	К	Н	И	В	В	С	К	Б
Ъ	К	Н	О	Н	Я	Ц	В	С	А	Л	Г	Ъ	М	О	Е
Г	Г	Л	Н	Ф	В	Й	О	Е	Д	Л	Й	Ь	Ъ	Е	Г
А	П	А	И	Н	Р	Ч	Д	Ч	О	Д	Б	О	Р	Н	Ю
О	Г	О	Х	М	Д	Ч	Н	И	Й	Т	Ь	О	Г	А	И
Ш	Е	Ш	Л	Ю	А	К	Е	П	Ф	С	Л	О	О	Г	Н
У	Й	Ь	Й	Я	А	Т	Н	О	Х	У	С	Ю	Е	А	Ь
Ф	Х	Ч	Ш	Р	Р	Ю	И	Р	Р	Ш	Ш	Т	К	Р	Ф
О	М	Л	Д	У	П	Н	Е	Т	Г	А	У	Ю	Е	У	Т
Е	С	Е	Ж	Б	А	Ъ	И	Л	Х	Г	Ш	С	М	И	Й
Ф	Н	Д	Р	Й	Б	Д	Й	П	Н	Е	Я	Ш	Д	Ш	Н
П	Л	К	Н	Г	Ж	Ь	Ч	Е	И	А	С	Й	Е	Ь	Е
Т	Е	М	П	Е	Р	А	Т	У	Р	А	Щ	П	Й	Я	Щ

ДЪГА
АТМОСФЕРА
МЪГЛА
СПОКОЕН
НЕБЕ
КЛИМАТ
ЛЕД
НАВОДНЕНИЕ
МУСОН
ОБЛАК
УРАГАН
ПОЛЯРНИ
СУХ
СУША
ТЕМПЕРАТУРА
БУРЯ
ГРЪМ
ТОРНАДО
ТРОПИЧЕСКИ
ВЯТЪР

55 - L'Entreprise

Р	Е	Ш	Е	Н	И	Е	Р	Р	Л	Н	Р	Ъ	Я	Е	И
Ч	М	Н	К	Й	С	Ч	И	К	Ъ	Д	Е	Р	П	А	Н
Е	Г	Е	Б	А	Б	Ж	С	К	Б	М	П	Т	К	П	В
К	И	Л	Е	И	Ч	Ш	Р	Я	М	Ю	У	В	О	Р	Е
Ф	К	А	Р	Ъ	З	Е	У	Л	У	Е	Т	О	С	Е	С
Х	С	Н	Д	Х	Е	Н	С	С	У	Ц	А	Р	П	З	Т
П	Р	О	Д	У	К	Т	Е	Т	Н	П	Ц	Ч	Р	Е	И
Е	О	И	Т	Ц	Х	Х	Р	С	В	И	И	Е	И	Н	Ц
Д	Т	С	О	Т	Е	А	З	Щ	Ь	О	Я	С	Х	Т	И
И	А	Е	Т	Е	Н	Д	Е	Н	Ц	И	И	К	О	А	Я
Н	В	Ф	В	А	Ц	М	Б	Ч	И	Б	Н	И	Д	Ц	Ч
И	О	О	М	О	П	К	М	Е	Г	А	Ж	Х	И	И	Ц
Ц	Н	Р	Б	Ш	К	Т	И	Б	У	О	У	Л	Ь	Я	Г
И	Е	П	Ж	Х	Т	С	О	Н	Ж	О	М	З	Ъ	В	А
Ф	Е	И	Р	И	Р	Я	И	Р	Т	С	У	Д	Н	И	И
Г	Л	О	Б	А	Л	Е	Н	Р	Ф	К	Х	П	Ъ	Ф	М

БИЗНЕС
ТВОРЧЕСКИ
РЕШЕНИЕ
ЗАЕТОСТ
ГЛОБАЛЕН
ИНДУСТРИЯ
НОВАТОРСКИ
ИНВЕСТИЦИЯ
ВЪЗМОЖНОСТ
ПРЕЗЕНТАЦИЯ
ПРОДУКТ
ПРОФЕСИОНАЛЕН
НАПРЕДЪК
КАЧЕСТВО
РЕСУРСИ
ПРИХОДИ
РЕПУТАЦИЯ
РИСКОВЕ
ТЕНДЕНЦИИ
ЕДИНИЦИ

56 - Gouvernement

Ъ	Р	Щ	Б	Ч	Й	Д	З	С	Ъ	Д	Е	Б	Е	Н	Н
Е	А	Ш	Е	И	Ъ	Ж	Ъ	А	П	Р	А	В	А	С	Е
Ф	В	Я	О	К	Ь	Х	О	Р	К	Т	И	А	К	П	З
С	Е	К	Д	С	О	К	А	К	Ж	О	А	Н	Д	Р	А
И	Н	Б	Ф	Н	Л	Н	Я	И	Ц	А	Н	Е	И	Е	В
М	С	О	Ф	А	Я	Е	С	Н	А	Г	В	Л	С	Ч	И
В	Т	Щ	О	Д	И	Р	Я	Т	К	Я	Х	А	К	Б	С
О	В	Е	Й	Ж	Ц	И	И	Е	И	В	Е	Н	У	М	И
Л	О	Т	К	А	А	М	Д	М	Т	Т	Ц	О	С	Ю	М
Ч	К	Б	Ж	Р	Р	Щ	Щ	А	И	В	У	И	И	Ц	О
Я	Б	Ц	К	Г	К	К	Л	П	Л	Б	Г	Ц	Я	М	С
Л	Ь	Р	М	К	О	Л	М	И	О	Х	У	А	И	Т	Т
В	Е	К	Р	Е	М	Ч	Ч	Х	П	О	У	Н	Д	Я	К
С	П	Р	А	В	Е	Д	Л	И	В	О	С	Т	Х	Ю	М
Ь	А	Ч	Н	Д	Д	С	В	О	Б	О	Д	А	Р	Щ	Х
Г	Р	А	Ж	Д	А	Н	С	Т	В	О	Б	Д	Н	Л	Ц

ГРАЖДАНСТВО
ГРАЖДАНСКИ
КОНСТИТУЦИЯ
ДЕМОКРАЦИЯ
РЕЧ
ДИСКУСИЯ
ПРАВА
РАВЕНСТВО
ДЪРЖАВА
НЕЗАВИСИМОСТ
СЪДЕБЕН
СПРАВЕДЛИВОСТ
СВОБОДА
ЗАКОН
ПАМЕТНИК
НАЦИЯ
НАЦИОНАЛЕН
МИРЕН
ПОЛИТИКА
СИМВОЛ

57 - Randonnée

Щ	Г	С	Е	Е	А	Щ	Г	О	Я	П	Щ	И	К	В	М
И	Ф	К	Й	В	Щ	И	Н	Ъ	М	А	К	Л	Ъ	Р	Б
Я	Г	А	Д	О	В	П	Е	А	Т	Р	А	К	М	Ъ	В
Т	М	Л	Ю	Ю	Й	У	Р	Л	Д	К	Р	Ъ	П	Х	М
Й	Л	А	Ш	М	О	Ч	О	Ю	Ъ	О	И	С	И	Я	П
В	Ш	В	Ц	П	О	Е	М	Е	Р	В	Р	Я	Н	Ъ	О
К	Д	Т	Н	Ш	Л	Д	У	М	Б	Е	Я	И	Г	Ф	Д
Ъ	Ч	С	У	Я	Ю	А	М	Г	Х	Р	Н	Ц	Р	Д	Г
Ж	М	Д	О	Т	Е	Ц	Н	Ъ	Л	С	М	А	Ф	П	О
Е	И	О	Ч	Л	К	Е	С	И	О	Я	А	Т	И	Б	Т
Т	Ф	В	Ч	У	Я	Л	Ъ	Ь	Н	Р	Д	Н	Й	О	О
Й	А	О	О	Р	Ъ	Ь	Ь	Ю	Ъ	А	И	Е	Й	Т	В
Ц	Ш	К	К	Т	А	М	И	Л	К	Д	В	И	Й	У	К
В	П	Ъ	Д	П	Н	Й	Ц	М	Л	Ъ	Т	Р	О	Ш	А
О	Я	Р	Ж	П	Ч	И	Ш	Д	Ш	Е	Н	О	Ш	И	Ъ
Я	Л	К	Й	Щ	Е	Ь	Л	О	Ф	У	Д	О	Б	Щ	Щ

ЖИВОТНИ
БОТУШИ
КЪМПИНГ
КАРТА
КЛИМАТ
ВОДА
СКАЛА
УМОРЕН
РЪКОВОДСТВА
ТЕЖЪК
ВРЕМЕ
ПЛАНИНА
ПРИРОДА
ОРИЕНТАЦИЯ
ПАРКОВЕ
КАМЪНИ
ПОДГОТОВКА
ДИВ
СЛЪНЦЕ
ВРЪХ

58 - Nutrition

У	Б	Х	Р	А	Н	О	С	М	И	Л	А	Н	Е	И	М
Ч	А	Ц	В	А	Т	Ю	А	С	Р	Р	П	Г	Ъ	Ф	В
Т	Л	З	И	Щ	И	Я	Щ	В	К	У	С	Е	Ч	Л	Ц
О	А	Д	Т	Б	Л	И	Д	П	Р	О	Т	Е	И	Н	И
К	Н	Р	А	И	Т	Ц	Я	Н	Г	Ц	А	П	В	Й	А
С	С	А	М	И	Т	А	Р	Д	И	Х	Е	Л	Г	Ъ	В
И	И	В	И	Ф	О	Т	Б	П	Т	Е	В	Ь	Л	В	Я
Н	Р	Б	Н	К	С	Н	А	О	С	Т	А	Ц	Н	К	О
Л	А	Й	Щ	Ф	Ф	Е	С	Д	О	Ю	Р	Й	Ь	Г	Й
Л	Н	Ю	Й	В	П	М	Ч	П	Н	Ь	Д	Я	М	П	Ю
И	О	Й	С	Ь	П	Р	Г	Р	Ч	Щ	З	Ь	Ю	М	Ъ
П	Ж	Б	С	О	У	Е	Т	А	Е	Г	О	Р	Ч	И	В
Д	И	Е	Т	А	С	Ф	Е	В	Т	А	П	Е	Т	И	Т
Д	Ю	Л	Ю	Ь	Т	Ц	Г	К	Щ	Л	О	Я	Н	Г	Б
Б	Щ	Ф	В	В	Ж	У	Л	И	И	Р	О	Л	А	К	Ч
Ш	А	С	Д	А	Ф	М	О	К	А	Ч	Е	С	Т	В	О

ГОРЧИВ
АПЕТИТ
КАЛОРИИ
ЯДНИ
ДИЕТА
ХРАНОСМИЛАНЕ
ПОДПРАВКИ
БАЛАНСИРАН
ФЕРМЕНТАЦИЯ
ВЪГЛЕХИДРАТИ
ТЕЧНОСТИ
ТЕГЛО
ПРОТЕИНИ
КАЧЕСТВО
ЗДРАВ
ЗДРАВЕ
СОС
ВКУС
ТОКСИН
ВИТАМИН

59 - Créativité

С	П	О	Н	Т	А	Н	Е	Н	Е	Е	И	И	А	Я	Ж
Е	И	Н	Е	Ж	А	Р	Б	О	З	И	Н	З	Р	Ж	И
Х	Ъ	Д	Ь	Г	Л	Ж	Т	А	Ъ	Н	Т	О	Т	Ц	З
В	Ъ	О	Б	Р	А	Ж	Е	Н	И	Е	У	Б	И	К	Н
В	Н	В	У	В	У	Л	Н	Ш	И	В	И	Р	С	Л	Е
Б	П	У	М	Е	Н	И	Е	Л	Ц	О	Ц	Е	Т	Т	Н
М	А	Е	С	П	В	У	Й	Ф	О	Н	И	Т	И	У	О
Ф	Л	Д	Ч	З	И	И	У	Р	М	Х	Я	А	Ч	С	С
П	Ч	Х	В	А	Ц	Л	Д	Ж	Е	Ъ	Ж	Т	Е	Е	Т
Ш	А	Ъ	Ь	Р	Т	Ч	Ч	Е	Ш	Д	О	Е	Н	Щ	Щ
В	В	Й	А	З	Ъ	Л	В	Ф	Н	В	В	Л	Ю	А	Р
И	Т	Е	Т	И	З	Н	Е	Т	Н	И	Я	Е	И	Н	А
Ч	С	Л	О	Е	Н	К	Ь	Н	Т	М	Я	Н	Ш	Е	К
С	В	Й	Н	Д	Ю	Н	Е	Ч	И	Т	А	М	А	Р	Д
Х	У	Р	С	И	А	Т	С	Ц	Х	Е	Т	Л	Ш	Ю	Щ
Й	Ч	Е	Я	А	В	Т	Е	Н	Т	И	Ч	Н	О	С	Т

АРТИСТИЧЕН
АВТЕНТИЧНОСТ
ЯСНОТА
УМЕНИЕ
ДРАМАТИЧЕН
ИЗРАЗ
ЕМОЦИИ
ИДЕИ
ИЗОБРАЖЕНИЕ
ВЪОБРАЖЕНИЕ
ВПЕЧАТЛЕНИЕ
ВДЪХНОВЕНИЕ
ИНТЕНЗИТЕТ
ИНТУИЦИЯ
ИЗОБРЕТАТЕЛЕН
УСЕЩАНЕ
ЧУВСТВА
СПОНТАНЕН
ВИДЕНИЯ
ЖИЗНЕНОСТ

60 - Science Fiction

М	И	С	Т	Е	Р	И	О	З	Е	Н	Ч	Б	Р	Б	В
Ъ	Е	К	В	Г	Р	А	У	Я	Й	Щ	О	Л	О	Г	С
Ф	К	Т	Г	О	Б	П	Т	Б	И	Ц	В	С	Б	М	А
С	С	С	И	Ь	В	Р	О	Ф	Р	П	Ъ	В	О	И	Ч
А	Т	Е	Н	А	Л	П	П	У	А	Е	О	П	Т	Ч	О
К	Р	Й	Ъ	В	Д	Б	И	Т	Н	К	Б	Т	И	Т	С
И	Е	Ь	Г	Ч	Ч	Х	Я	У	Е	С	Р	Й	С	Я	Х
Т	М	Ъ	О	Й	Й	А	Р	Р	Ц	П	А	Т	Е	И	И
К	Н	К	Н	И	Г	И	П	И	С	Л	Ж	Ч	Й	Г	Д
А	И	Р	Е	С	Е	А	Ш	С	Р	О	А	А	Т	О	Л
Л	Ч	Ь	М	Е	В	М	Я	Т	Р	З	Е	Ц	Ф	Л	П
А	П	С	О	А	У	Я	Ъ	И	Н	И	М	А	В	О	Ц
Г	П	С	Т	Ю	Ц	М	Т	Ч	З	Я	И	Ч	Ъ	Н	Ц
Ц	Ц	Ж	А	П	Я	М	Ц	Е	Т	Ю	К	Щ	К	Х	Ж
О	Р	А	К	У	Л	Б	Щ	Н	У	Ш	Л	В	Т	Е	Ш
Ф	А	Н	Т	А	С	Т	И	Ч	Н	О	Н	И	К	Т	Й

АТОМЕН
КИНО
ДИСТОПИЯ
ЕКСПЛОЗИЯ
ЕКСТРЕМНИ
ФАНТАСТИЧНО
ОГЪН
ФУТУРИСТИЧЕН
ГАЛАКТИКА
ИЛЮЗИЯ
ВЪОБРАЖАЕМ
КНИГИ
СВЯТ
МИСТЕРИОЗЕН
ОРАКУЛ
ПЛАНЕТА
РОБОТИ
СЦЕНАРИЙ
ТЕХНОЛОГИЯ
УТОПИЯ

61 - Professions #1

Б	Г	Х	Е	А	Ц	Г	О	Л	О	Х	И	С	П	Т	Ш
И	Е	В	У	Р	Е	Ф	Е	Л	Т	Б	Ю	В	К	Р	К
Ж	Х	Е	Ю	Д	В	Д	Й	О	Ш	Т	Щ	Ю	Д	Е	А
У	Б	Т	А	Т	О	Р	Ь	А	Л	Ф	Д	Ш	В	Н	Р
Т	Й	Е	К	А	Л	Ж	О	С	П	О	Я	А	М	Ь	Т
Е	А	Р	О	Н	Х	Р	Н	Е	Ч	У	Г	Г	Ф	О	О
Р	Д	И	М	Ц	Д	А	П	И	Ш	Й	Й	Й	Б	Р	Г
Ж	В	Н	Р	Ь	Б	К	Д	О	К	Ъ	Г	Г	Ь	П	Р
Е	О	А	Ю	О	Ь	И	Л	Т	С	И	Н	А	И	П	А
И	К	Р	Ю	Р	Ш	Н	Г	Н	Н	Л	У	Б	А	Ц	Ф
А	А	Й	Е	К	Я	Р	К	А	К	А	А	Б	Щ	Г	У
Г	Т	Й	С	А	А	А	Т	К	Ш	Ф	Щ	Н	Я	О	Ъ
Л	Е	К	А	Р	С	Ж	Щ	И	Ф	П	И	С	И	Г	Ю
Р	Е	Д	А	К	Т	О	Р	З	И	А	Й	О	Ь	К	А
Ь	Ф	О	О	А	Ж	П	О	У	Б	А	Н	К	Е	Р	Я
К	Т	Ъ	Ж	М	С	Ъ	Щ	М	О	Н	О	Р	Т	С	А

ПОСЛАНИК
ХУДОЖНИК
АСТРОНОМ
АДВОКАТ
БАНКЕР
БИЖУТЕР
КАРТОГРАФ
ЛОВЕЦ
ТАНЦЬОРКА
ТРЕНЬОР
РЕДАКТОР
ГЕОЛОГ
ЛЕКАР
МУЗИКАНТ
ПИАНИСТ
ПОЖАРНИКАР
ПСИХОЛОГ
УЧЕН
ВЕТЕРИНАР

62 - Géologie

Х	Р	К	Ф	Я	Ъ	Г	М	И	Н	Е	Р	А	Л	И	С
Я	Х	Д	Ш	Ю	Б	Е	В	Б	Е	Ф	Г	В	А	Е	Т
Д	Л	Ь	В	А	Д	Й	О	Л	С	Е	Т	А	Р	С	А
К	В	Б	Ш	Д	Щ	З	У	Ъ	Ь	Н	Й	Л	Е	Р	Л
У	Р	С	У	Л	А	Е	П	Н	К	Я	К	С	Н	В	А
Л	К	И	П	Ч	Щ	Р	Ц	Е	Б	Н	Т	Ю	И	К	К
Ж	А	Ъ	С	Й	Ш	Ъ	О	П	Щ	Ш	Д	Щ	М	П	Т
Л	Л	Щ	У	Т	Ю	М	Ш	О	Щ	Е	П	С	К	Р	И
Ч	Ц	Е	Я	Н	А	Е	К	Т	Д	Й	Р	С	О	Л	Т
П	И	Й	С	Е	Н	Л	Ф	З	С	Ч	Ж	А	Н	О	З
К	Й	Г	Н	Н	И	П	И	А	Ш	М	М	И	А	П	Ч
А	Д	У	Л	И	Л	Ш	Л	Р	Ц	У	В	Ф	Д	В	Ч
М	Ю	Т	Ц	Т	Е	Ф	Н	А	К	Л	У	В	Д	Н	Ж
Ъ	В	Ч	С	Н	С	Х	Ж	Щ	Т	К	В	А	Р	Ц	Т
К	Щ	У	Й	О	И	Д	Я	И	З	О	Р	Е	Ш	Ш	Ю
Г	К	А	П	К	К	К	О	Р	А	Л	Б	С	Я	Л	Г

КИСЕЛИНА
КАЛЦИЙ
ПЕЩЕРА
КОНТИНЕНТ
КОРАЛ
СЛОЙ
КРИСТАЛИ
ЕРОЗИЯ
РАЗТОПЕН
МИНЕРАЛ

ГЕЙЗЕР
ЛАВА
МИНЕРАЛИ
КАМЪК
ПЛАТО
КВАРЦ
СОЛ
СТАЛАКТИТ
ВУЛКАН
ЗОНА

63 - Jardin

Л	Х	М	Ж	Л	Ц	О	Т	П	О	У	Я	Щ	Ц	Т	Ъ
Н	О	У	Й	Ч	А	П	Р	О	Л	Ш	Ь	А	В	Е	Ц
Ж	Ш	П	В	Ф	С	Х	Ж	У	Ш	Е	К	К	Е	Р	Ъ
Я	Ц	И	А	Н	И	Д	А	Р	Г	А	В	Й	Т	А	Ц
Ж	С	В	Д	Т	Ц	Ж	О	Ф	Х	Х	Й	Е	Е	С	Х
Й	Я	У	Н	У	А	Д	А	Р	Г	О	Е	П	Л	А	Н
Х	Ж	Д	А	Т	Р	Е	В	А	З	О	Л	О	Ч	И	Щ
П	Д	Ъ	Р	А	Х	Р	А	С	Т	Ю	Ш	Ч	Й	Д	Ш
Г	М	С	Е	Б	А	Г	Д	Ф	У	Ь	С	В	Г	Ч	Ц
А	Е	А	В	Ч	Х	Е	Ц	Р	Е	З	Е	А	Й	Ь	В
Р	О	О	Р	С	О	Л	Ш	А	П	У	Д	Ъ	Р	В	О
А	В	П	О	К	П	Б	Щ	К	Й	Ф	Е	У	Ц	Р	Е
Ж	Ж	Ь	Й	Щ	У	Р	Щ	А	Р	Ж	Н	Р	Щ	Ъ	К
У	Щ	Ш	В	Ц	В	Ч	С	К	А	Л	И	Й	М	Н	П
Ш	Ч	Ч	Щ	А	Ъ	Ж	С	А	А	Л	И	О	Н	К	С
Ю	Х	А	М	А	К	Щ	Ю	Ц	Х	Т	Е	М	С	О	Щ

ДЪРВО
ПЕЙКА
ХРАСТ
ОГРАДА
ЕЗЕРЦЕ
ЦВЕТЕ
ГАРАЖ
ХАМАК
ТРЕВА
ГРАДИНА

ПЛЕВЕЛИ
ЛОПАТА
ВЕРАНДА
РАКА
СКАЛИ
ПОЧВА
ТЕРАСА
БАТУТ
МАРКУЧ
ЛОЗА

64 - Santé et Bien Être #1

Н	К	У	А	Д	Т	Л	Щ	Т	Р	Б	Ш	П	Л	Ф	Р
Д	А	Л	Г	Я	Б	Г	Ъ	Ч	Щ	С	М	О	У	Н	Е
Г	Ж	Р	О	М	Ж	Я	Щ	Щ	В	Ч	Й	З	Е	А	Ф
Ц	О	Л	А	Ф	Р	А	К	Т	У	Р	А	А	О	Т	Л
О	К	Я	Щ	Н	М	У	С	К	У	Л	И	Т	Е	Н	Е
Ш	Ч	Ь	Ц	Ч	Я	Л	Ц	Ъ	Х	М	Ц	Х	Ц	Б	К
Е	Ш	Щ	Щ	П	Ъ	В	Ц	Ю	Д	Ц	Ж	Д	Д	Я	С
Л	Е	Ч	Е	Н	И	Е	А	Б	А	К	Т	Е	Р	И	И
М	Е	Д	И	Ц	И	Н	А	Н	К	Ч	Н	Б	Ж	П	Н
В	И	Ц	Т	К	Л	С	Н	Н	Е	В	И	Т	К	А	А
Ф	Щ	Щ	С	П	Б	Ф	И	А	Т	Л	Е	К	А	Р	В
Я	О	Ю	О	Ь	Ц	Ъ	Ч	Ъ	П	К	О	Б	Ц	Е	И
Щ	Ф	Г	К	Ш	Ч	Б	О	Ф	А	О	Ъ	Ц	Х	Т	К
К	Л	И	Н	И	К	А	С	У	Р	И	В	Р	Ь	П	Г
Х	О	Р	М	О	Н	И	И	В	О	Ь	Р	Ю	Ю	С	Я
Д	Ц	Е	Е	Т	Ш	Ъ	В	А	Я	Ч	Д	П	Ш	Ф	Ю

АКТИВЕН
БАКТЕРИИ
НАРАНЯВАНЕ
КЛИНИКА
ГЛАД
ФРАКТУРА
НАВИК
ВИСОЧИНА
ХОРМОНИ
ЛЕКАР
МЕДИЦИНА
МУСКУЛИТЕ
КОСТИ
КОЖА
АПТЕКА
ПОЗА
РЕФЛЕКС
ТЕРАПИЯ
ЛЕЧЕНИЕ
ВИРУС

65 - Barbecues

Л	Щ	Ъ	Г	Ю	Т	З	Ч	Ю	П	К	П	Я	Р	Х	Ф
Д	О	В	Т	С	Й	Е	М	Е	С	Я	Ш	Р	Я	Н	Ч
Ъ	Ж	Л	С	Р	О	Л	Ж	У	И	О	Ч	Е	Д	Я	Т
Д	А	С	О	Й	С	Е	Ч	Ф	З	Р	Щ	И	Ю	У	У
О	В	Ш	О	Й	В	Н	Ю	Ш	Л	И	И	Ц	Ф	Ф	Ж
М	Л	Т	Ь	Й	Я	Ч	Р	Г	М	Ц	К	Г	Л	У	К
А	А	П	У	И	М	У	Ъ	Д	Е	Ц	А	А	Р	Д	Ч
Т	Ч	К	К	Ф	Р	Ц	Е	Я	В	Д	Ж	И	Е	И	Е
И	У	Ц	Ю	Г	П	И	М	Ц	О	Ц	Ф	С	П	Т	П
С	К	А	Р	А	П	Щ	А	П	Д	О	С	О	И	А	А
Г	О	Б	Я	Д	Е	В	О	Ж	О	Н	Г	С	П	Л	В
М	Л	Л	Ч	Ч	Ж	Е	А	Я	Л	Ь	С	С	Г	А	Й
Ч	Й	А	С	О	Л	Ч	И	Л	П	Ь	Я	Ю	П	С	Й
Ф	Ж	Т	Д	Р	Щ	Е	Р	О	Г	Р	П	Ж	Г	Ъ	Х
Е	Ц	Й	Е	Г	Х	Р	Л	Я	Т	О	П	И	Л	Е	Ф
Т	Щ	Ш	П	И	И	Я	М	Ъ	Ц	Ч	Н	У	О	Л	Ц

ГОРЕЩ
НОЖОВЕ
ОБЯД
ВЕЧЕРЯ
ДЕЦА
ЛЯТО
ГЛАД
СЕМЕЙСТВО
ПЛОДОВЕ
СКАРА
ИГРИ
ЗЕЛЕНЧУЦИ
МУЗИКА
ЛУК
ПИПЕР
ПИЛЕ
САЛАТИ
СОС
СОЛ
ДОМАТИ

66 - Ferme #1

Й	У	О	Б	П	Р	У	У	О	Х	Р	Й	Е	Е	П	Р
Й	Д	Д	И	Р	И	Ж	И	Н	Ю	Н	Я	Ь	С	Ь	М
Г	Н	К	З	К	Б	Л	Я	Ш	К	Щ	П	У	Н	Ъ	Ш
Ф	Д	Т	О	Н	Р	С	Е	Л	Е	Т	Х	У	В	Й	Д
П	Я	М	Н	П	О	Л	Е	Ч	У	К	О	З	А	Ц	Н
Ц	Л	А	А	К	Т	О	К	Я	Ж	Ш	Н	Р	М	Ч	Ч
Р	Ч	Б	Д	Г	Ш	Н	В	Ж	А	Л	Е	Ч	П	Б	Й
Ъ	С	Н	А	В	А	Р	К	Ъ	Д	Ш	С	Ь	Н	Л	Ж
Е	К	Х	Р	Е	Ю	Р	Ж	В	О	К	Х	К	О	Н	С
И	Р	П	Г	Г	С	И	Е	С	В	В	И	К	Д	Е	М
О	Ш	Я	О	Г	Ъ	Ф	Г	В	Ъ	Щ	Г	М	А	Л	Я
Л	Р	С	Ж	Ъ	Ц	Ю	И	И	Ш	Х	О	Ш	Т	Ч	Я
С	Л	И	Ю	Ф	Ю	Щ	О	Н	Б	Ш	Ф	С	С	Л	Ь
Н	Л	В	З	Ч	К	Ю	Т	Я	Л	Ф	Ъ	Л	Н	Л	Г
Ъ	Я	П	У	У	Л	Ж	Ц	Ч	М	Н	А	Г	Р	Ю	Ф
Г	Я	В	Б	Ш	Ф	О	В	Р	А	Н	А	Е	Щ	Щ	Ц

ПЧЕЛА
МАГАРЕ
БИЗОН
ПОЛЕ
КОТКА
КОН
КОЗА
КУЧЕ
ОГРАДА
СВИНЯ
ВРАНА
ВОДА
ТОР
СЕНО
МЕД
ПИЛЕ
ОРИЗ
СТАДО
КРАВА
ТЕЛЕ

67 - Antarctique

П	С	З	А	Л	И	В	В	Ч	Ч	У	Л	В	М	Т	Щ
О	С	Р	Л	Т	Л	П	С	Б	Т	Г	О	Д	Б	М	К
Л	К	М	Е	Ю	А	Т	О	С	Т	Р	О	В	И	Т	Ж
У	А	И	Т	Д	С	И	Ч	А	Ь	Т	В	Х	Ъ	Г	Н
О	Л	Г	А	Т	А	Ц	Ч	Д	Щ	Е	В	О	Т	И	К
С	И	Р	В	Н	Ю	И	Х	П	А	М	Т	М	Д	Е	Л
Т	С	А	О	Е	Н	А	В	З	А	П	А	З	Х	А	Н
Р	Т	Ц	Д	Н	Е	Ж	Ч	И	И	Е	К	Л	Ц	Х	Ц
О	У	И	Е	И	Ч	Ю	С	Ц	Л	Р	С	О	Ц	Й	Я
В	Ч	Я	Л	Т	У	О	Я	И	Ф	А	Р	Г	О	Е	Г
М	П	Б	С	Н	А	Ч	Я	Н	П	Т	Р	Ц	М	Р	К
Л	Й	Й	З	О	Н	Щ	Й	Д	И	У	Р	Е	Щ	Ф	Я
Х	И	Д	И	К	Ж	У	С	Е	Л	Р	Ш	Ф	Н	И	Ч
Ш	У	Й	Ь	А	А	Ю	Ъ	Л	Е	А	В	Ъ	Й	И	Б
Щ	Л	Ш	К	Й	Е	К	С	П	Е	Д	И	Ц	И	Я	М
Ж	Й	О	Ж	Т	О	П	О	Г	Р	А	Ф	И	Я	К	К

ЗАЛИВ
КИТОВЕ
ИЗСЛЕДОВАТЕЛ
ЗАПАЗВАНЕ
КОНТИНЕНТ
ВОДА
СРЕДА
ЕКСПЕДИЦИЯ
ГЕОГРАФИЯ
ЛЕД
ЛЕДНИЦИ
ОСТРОВИ
МИГРАЦИЯ
МИНЕРАЛИ
ПТИЦИ
ПОЛУОСТРОВ
СКАЛИСТ
НАУЧЕН
ТЕМПЕРАТУРА
ТОПОГРАФИЯ

68 - Professions #2

У	Ь	Т	Й	А	С	Л	Ю	К	Ш	Л	Ь	Б	Т	Ф	А
Н	Ч	С	О	Р	Д	И	Ю	Р	М	Ъ	Е	И	М	О	С
Ц	О	И	Б	Ъ	Ч	Н	Ф	Д	Ц	Х	Н	Б	И	Т	Т
Н	Е	Л	Т	А	Ъ	Г	О	Л	О	И	Б	Л	И	О	Р
Х	Б	А	В	Е	М	В	Ч	Е	Х	Ф	И	И	З	Г	О
Б	Ю	Н	И	Ж	Л	И	Т	Т	В	И	Л	О	О	Р	Н
Х	И	Р	У	Р	Г	С	И	А	Г	Л	Ю	Т	Б	А	А
Г	Х	У	Ц	Ш	О	Т	Н	В	Г	О	С	Е	Р	Ф	В
Д	У	Ж	Щ	Ш	Л	К	Ж	О	Р	С	Т	К	Е	А	Т
Е	Д	Ш	Р	Т	О	И	Е	Д	А	О	Р	А	Т	С	К
Т	О	Л	И	П	О	Ъ	Н	Е	Д	Ф	А	Р	А	Ф	Ш
Е	Ж	Ч	Ь	Й	З	Ю	Е	Л	И	У	Т	Е	Т	Ш	В
К	Н	Ь	Т	Г	Ь	С	Р	С	Н	Т	О	Я	Е	Б	Й
Т	И	Б	О	Ъ	Ъ	Р	Ъ	З	А	Ч	Р	Ь	Л	Г	И
И	К	И	Ъ	Н	Ц	Б	Ч	И	Р	Н	Л	Е	К	А	Р
В	Ц	Ж	О	З	Ъ	Б	О	Л	Е	К	А	Р	Ж	У	П

АСТРОНАВТ
БИБЛИОТЕКАР
БИОЛОГ
ИЗСЛЕДОВАТЕЛ
ХИРУРГ
ЗЪБОЛЕКАР
ДЕТЕКТИВ
УЧИТЕЛ
ИЛЮСТРАТОР
ИНЖЕНЕР
ИЗОБРЕТАТЕЛ
ГРАДИНАР
ЖУРНАЛИСТ
ЛИНГВИСТ
ЛЕКАР
ХУДОЖНИК
ФИЛОСОФ
ФОТОГРАФ
ПИЛОТ
ЗООЛОГ

69 - Les Abeilles

Р	С	О	М	О	К	Е	С	А	Н	Й	Ж	А	А	Ш	А
А	Л	П	М	Е	Д	Ц	И	Н	Н	Ш	Т	В	М	И	Д
С	Ъ	Р	Е	Ш	О	К	Л	И	П	Щ	Я	Т	Е	В	Ц
Т	Н	А	И	Я	Ч	Я	Н	Д	О	Ш	К	Ю	Т	А	Ч
Е	Ц	Ш	З	Р	Ц	О	Я	А	Л	Ю	М	Р	С	Б	А
Н	Е	И	А	Г	М	Р	Л	Р	Е	Д	П	Ь	И	Н	Ъ
И	Ю	Т	Р	Б	П	Х	Й	Г	З	Л	А	Е	С	Л	О
Я	Д	Е	Б	Х	П	Я	П	П	Н	Й	С	Ц	О	Л	А
О	Ч	Л	О	Я	Л	Т	Ц	Я	О	Щ	Е	Ю	К	Ч	Ц
Т	С	Ъ	О	Л	О	Ч	К	В	Ш	А	А	Е	Е	Г	И
С	Ь	Я	Н	И	Д	Щ	Г	Й	О	О	Е	Т	Г	Р	Л
Ж	Ч	М	З	Ф	О	Ж	Е	Ч	Х	С	Ь	Д	У	У	А
Ч	Ю	У	А	Т	В	Ж	Н	Я	Б	Р	Ъ	В	А	С	Р
Ь	Ч	Д	Р	Ш	Е	Л	Й	Ш	Щ	Х	А	К	Ц	Ф	К
Ж	П	Р	А	Ш	Е	Ц	Ц	Ш	Р	А	Н	Н	Р	В	Й
Г	А	Ъ	У	Г	С	С	М	Е	Я	Л	Ф	Ю	А	Я	Ч

КРИЛА
ПОЛЕЗНО
ВОСЪК
РАЗНООБРАЗИЕ
РОЯК
ЕКОСИСТЕМА
ЦВЕТЯ
ПЛОДОВЕ
ДИМ
НАСЕКОМО

ГРАДИНА
МЕД
ХРАНА
РАСТЕНИЯ
ПРАШЕЦ
ОПРАШИТЕЛ
КРАЛИЦА
КОШЕР
СЛЪНЦЕ

70 - Santé et Bien Être #2

К	К	Е	В	А	К	Ш	Я	Ж	Б	Х	И	Й	Р	Н	Б
Б	Р	Ш	Ш	Ж	А	С	А	М	О	Х	Р	А	Н	А	В
О	Р	Ъ	С	У	Л	Х	Ф	Г	Л	З	Я	Г	В	Щ	Д
Л	Е	Щ	В	Т	О	Б	С	Т	Е	Ш	Д	Ц	Й	Н	И
Н	Т	Р	Ъ	Е	Р	Д	И	Д	С	М	Й	Р	Д	Ш	Е
И	П	В	Ю	Г	И	Ц	Т	Р	Т	Ъ	Ж	Й	А	С	Т
Ц	А	Ч	Я	Л	Я	А	Н	А	Т	О	М	И	Я	В	А
А	С	П	Т	О	Ч	Щ	Р	Ш	Т	Я	Л	О	Ъ	И	А
Г	Т	Т	Е	Х	Б	Ц	Е	Н	Е	Р	Г	И	Я	Н	Л
Е	Р	А	У	Т	Х	И	Г	И	Е	Н	А	Б	С	Ф	Е
Н	Е	О	С	Н	И	М	А	Т	И	В	М	Х	Г	Е	Р
Е	С	П	Я	Б	Ъ	Т	К	Н	М	П	У	Ю	Й	К	Г
Т	Д	Е	Х	И	Д	Р	А	Ц	И	Я	Р	Щ	М	Ц	И
И	У	Т	Р	Й	Ю	С	Е	Ш	Н	Т	Ч	О	Т	И	Я
К	Ь	Е	М	Й	И	Т	Ж	Р	Ь	Л	Я	В	М	Я	А
А	Щ	А	Ю	Я	Й	Б	И	Х	Ь	В	Н	И	В	И	А

АЛЕРГИЯ
АНАТОМИЯ
АПЕТИТ
КАЛОРИЯ
ТЯЛО
ДЕХИДРАЦИЯ
ДИЕТА
ЕНЕРГИЯ
ГЕНЕТИКА
БОЛНИЦА
ХИГИЕНА
ИНФЕКЦИЯ
БОЛЕСТ
МАСАЖ
ХРАНА
ТЕГЛО
ЗДРАВ
КРЪВ
СТРЕС
ВИТАМИН

71 - Conduite

Х	Ф	Х	Я	К	Ш	Ь	М	Ц	Я	Я	Д	Л	Р	С	О
К	Щ	Ч	Е	Л	Ш	Л	Ш	Е	О	Е	Ю	Ъ	Ъ	Р	Ъ
О	Т	Б	Я	М	Я	Ц	Б	Щ	В	Р	У	К	Е	Ъ	Щ
Л	Т	Г	Х	Н	О	И	М	А	К	Т	Ъ	П	Г	Щ	Ч
А	Р	Т	М	В	Р	Т	П	Е	Ш	Е	Х	О	Д	Е	Ц
П	О	Л	И	Ц	И	Я	О	С	К	Л	Ю	Б	Ч	П	С
Щ	П	У	К	Е	Т	С	О	Р	О	К	С	Е	Н	Т	Г
М	С	Г	Ч	Й	Щ	Л	Я	Ь	Н	И	Б	З	Щ	Ц	А
Ц	Н	Ж	А	Р	А	Г	Я	Н	У	Ц	Г	О	О	Я	З
П	А	Р	Р	Т	Т	Ь	Я	Н	М	О	О	П	Ъ	Б	Н
Ф	Р	К	И	Ц	У	К	Р	Ц	Д	Т	Р	А	С	Ю	Е
Й	Т	И	П	Б	Д	Н	А	Ф	Я	О	И	С	Ъ	К	Ц
К	С	Ф	С	Й	Я	Б	Е	Р	В	М	В	Н	И	У	И
О	П	А	С	Н	О	С	Т	Л	Т	В	О	О	Е	И	Л
М	Ц	Р	Х	К	Ф	М	Ф	Л	Д	А	Ж	С	Г	В	Д
Щ	И	Т	З	Л	О	П	О	Л	У	К	А	Т	Л	Р	Я

ЗЛОПОЛУКА
КАМИОН
ГОРИВО
КАРТА
ОПАСНОСТ
СПИРАЧКИ
ГАРАЖ
ГАЗ
ЛИЦЕНЗ
МОТОР
МОТОЦИКЛЕТ
ПЕШЕХОДЕЦ
ПОЛИЦИЯ
ПЪТ
БЕЗОПАСНОСТ
ТРАФИК
ТРАНСПОРТ
ТУНЕЛ
СКОРОСТ
КОЛА

72 - Plantes

Ь	В	И	Ф	Б	С	О	Ж	П	У	Ф	Д	Д	И	Ф	В
В	Р	Л	Ж	Ю	Н	Т	В	Е	Й	Й	Л	Ж	Е	Ш	Е
Н	А	Д	Д	Д	Ъ	В	Б	Г	Й	Й	Ш	О	К	С	Н
Й	С	Б	Р	Ъ	Ш	Л	Я	Н	Ъ	Я	В	Й	Р	Ш	Ч
Б	Т	Б	О	Б	Т	Ф	Н	К	В	И	Ю	Л	Ш	А	Е
О	И	И	Р	Е	Б	П	Е	Ю	Б	Ъ	Д	Ц	П	Е	Л
Т	Т	Л	У	П	Г	О	Р	А	У	У	М	Ч	М	Б	И
А	Е	К	Х	Ъ	М	Т	О	Р	Я	Щ	В	Щ	Н	И	С
Н	Л	А	У	Р	К	А	К	Т	У	С	А	И	Д	Щ	Т
И	Н	Ч	Й	Б	А	Г	Р	А	Д	И	Н	А	Х	П	Ч
К	О	Б	Е	Л	М	С	Ч	Т	Т	А	Р	Ф	Ч	У	Е
А	С	Ш	Е	Ц	О	А	Т	С	И	Л	Ю	П	А	И	Т
Г	Т	В	Н	А	К	Ж	Б	А	Ж	Ь	Г	С	Ъ	Н	Е
Ж	Д	Ъ	Р	В	О	К	О	Р	П	Ф	Л	Й	Я	Ц	В
Ш	Н	Ж	Й	Ь	Й	Й	Ш	П	Г	В	Г	И	Л	Т	Ц
Т	Й	Ф	Щ	Й	К	Й	Ъ	А	У	Ь	Ц	Х	С	И	М

ДЪРВО
БЕРИ
БАМБУК
БОТАНИКА
ХРАСТ
КАКТУС
ТОР
ЛИСТ
ЦВЕТЕ
ФЛОРА
ГОРА
РАСТА
БОБ
БИЛКА
ГРАДИНА
БРЪШЛЯН
МЪХ
ВЕНЧЕЛИСТЧЕ
КОРЕН
РАСТИТЕЛНОСТ

73 - Ferme #2

А	Й	Ъ	С	Ю	К	Г	У	Ъ	В	К	Т	П	Ч	И	О
С	Г	Ш	К	С	Ч	Н	В	Т	Р	Н	Ф	Л	Т	Д	Ж
Д	Р	М	Н	И	П	П	А	Т	И	Ц	А	Е	Р	С	Й
Н	А	П	О	Я	В	А	Н	Е	Р	Е	Н	В	А	О	Ш
Ж	И	В	О	Т	Н	И	Т	Г	Р	Ъ	А	Н	К	Т	Л
Х	Р	Ц	К	У	Ч	Н	Е	Л	Е	З	Р	Я	Т	К	Щ
Й	Х	М	Я	Г	Ъ	С	К	И	И	Г	Х	Е	О	У	Ш
Е	Ц	А	Л	И	Ь	Ъ	С	Ю	Н	И	Е	Ь	Р	Н	Ь
Ч	Ф	А	М	А	Л	Й	М	Л	Б	В	Т	Ю	Т	Р	Х
Е	Ц	Ц	Р	О	Ж	Я	Т	Т	И	Й	Ь	Ф	Д	Ж	Т
М	В	И	Г	Е	Т	Н	К	М	Р	В	Н	К	Ш	А	Р
И	Ъ	Н	О	Ь	В	Я	А	Г	Н	Е	А	Ж	У	С	Й
К	А	Е	П	Л	Ш	И	Ш	Я	В	У	Ш	Д	Щ	О	Ъ
Й	С	Ш	Й	Т	Ц	Г	Ц	Щ	П	Ц	Ю	О	А	В	Л
Й	Т	П	О	В	Ч	А	Р	А	Д	Е	У	Р	К	Ц	И
К	П	Л	О	Д	О	В	Е	Ф	Е	Р	М	Е	Р	А	В

АГНЕ
ФЕРМЕР
ЖИВОТНИ
ОВЧАР
ПШЕНИЦА
ПАТИЦА
ПЛОДОВЕ
ПЛЕВНЯ
НАПОЯВАНЕ
МЛЯКО
ЛАМА
ЗЕЛЕНЧУК
ЦАРЕВИЦА
ОВЦА
ХРАНА
ГЪСКИ
ЕЧЕМИК
ЛИВАДА
КОШЕР
ТРАКТОР

74 - Vacances #2

Г	О	Т	Н	Ф	В	Ф	Г	О	Ф	Ф	А	Л	Б	П	А
Н	Ч	Ж	Р	П	К	Ч	Й	Б	Б	Д	Р	Е	П	А	Щ
В	Л	А	К	А	А	В	И	З	А	О	Л	Т	Х	Л	К
Е	С	Л	Г	Н	Н	С	П	Х	Ф	Ж	Ц	И	Ф	А	Ф
Щ	П	П	Ю	Д	Ш	С	П	Я	С	Ф	Ь	Щ	Р	Т	Я
Ф	Л	Х	Х	Щ	Ь	Ч	П	О	С	Б	Д	Е	Щ	К	С
Н	Ц	П	П	К	Л	М	Е	О	Р	У	Д	Ъ	В	А	Т
Р	Е	С	Т	О	Р	А	Н	Т	Р	Т	Е	Г	Я	Ц	И
Ь	Р	Х	Х	Я	И	Ц	А	Н	И	Т	С	Е	Д	Е	Ф
А	О	Г	Ф	К	С	Х	Р	Ь	Ч	И	К	М	И	Н	С
Ю	М	П	С	Ж	К	Д	О	О	Ч	Р	Ъ	Р	О	Е	О
Щ	О	Л	Е	Н	А	В	У	Т	Ъ	П	М	К	С	Д	Г
Ш	Ж	П	С	В	Т	Х	Я	К	Е	Ч	П	А	Т	Ж	Б
Р	Е	З	Е	Р	В	А	Ц	И	И	Л	И	Р	Р	У	О
П	Р	А	З	Н	И	К	Д	Г	Л	О	Н	Т	О	Ч	Б
Н	Ф	В	Я	Н	М	Ш	Я	Л	Е	К	Г	А	В	Ь	Й

ЛЕТИЩЕ
КЪМПИНГ
КАРТА
ДЕСТИНАЦИЯ
ЧУЖДЕНЕЦ
ХОТЕЛ
ОСТРОВ
МОРЕ
ПАСПОРТ
СНИМКИ
ПЛАЖ
РЕСТОРАНТ
РЕЗЕРВАЦИИ
ТАКСИ
ПАЛАТКА
ВЛАК
ТРАНСПОРТ
ПРАЗНИК
ВИЗА
ПЪТУВАНЕ

75 - Temps

П	Ф	Ф	Щ	Ж	Р	Я	С	Е	Ц	Д	А	Ф	Н	Д	Щ
Т	Е	Ъ	Р	П	Х	А	Д	Й	Н	Е	С	Ь	Т	Е	Ц
В	А	Ъ	М	Г	Ч	Е	Ю	Й	К	Я	Ч	В	Д	С	У
М	Щ	И	Е	Т	А	Г	Е	С	И	У	П	Ч	М	Е	Т
Д	Т	К	А	Б	С	Ш	Ж	У	Ч	В	Ъ	Е	Е	Т	Ц
Ю	Р	Х	Н	Ъ	О	А	Щ	С	Г	С	К	Р	С	И	У
Х	К	Ю	И	Д	В	С	К	О	Р	О	А	А	Е	Л	Д
С	Л	Е	Д	Е	Н	Ю	Н	Ц	Н	Х	Л	Ч	Ц	Е	Ч
У	О	Ж	О	Щ	И	Д	Е	Р	П	Д	Е	Ь	Ц	Т	Д
Я	С	Г	Г	Е	К	А	Ш	А	Т	У	Н	И	М	И	Е
Е	Й	Б	Ъ	К	Е	Ъ	И	Ц	Ц	К	Д	К	Е	Е	Н
К	Г	И	Т	Б	В	А	Д	И	Я	Г	А	Г	Т	Е	В
О	Б	Я	Д	И	Е	Е	О	М	Я	Е	Р	В	Ъ	Д	Г
К	Р	Ь	Н	П	Н	Ц	Г	Д	Д	С	У	Т	Р	И	Н
Л	Г	В	М	Ч	Я	К	Ф	Е	Я	И	Р	Д	Й	Ф	Т
Г	И	В	Я	Т	У	К	Щ	С	Ь	Т	Б	Ь	Ь	Г	Й

ГОДИНА
ГОДИШЕН
СЛЕД
ПРЕДИ
СКОРО
КАЛЕНДАР
ДЕСЕТИЛЕТИЕ
БЪДЕЩЕ
ЧАС
ВЧЕРА
ЧАСОВНИК
ДЕН
СЕГА
СУТРИН
ОБЯД
МИНУТА
МЕСЕЦ
НОЩ
СЕДМИЦА
ВЕК

76 - Immigration

П	А	Х	Ц	Й	В	А	К	О	Ь	А	Т	И	Щ	А	З
Н	О	В	Г	П	Ъ	М	О	Д	Щ	Д	Н	И	Д	В	Ь
У	С	М	Х	Г	З	К	М	С	Б	М	Х	У	Д	Ж	Ц
Я	Я	С	О	Е	Р	Н	У	Й	Е	И	Н	Е	Ш	Е	Р
Н	П	Д	Ь	Щ	А	С	Н	М	Н	Н	О	К	А	З	Е
Ш	П	Ч	Ъ	Ф	С	Ю	И	Н	А	И	Щ	К	Б	Х	Ц
С	Б	Ж	Р	М	Т	Х	К	П	Р	С	О	Щ	К	Ъ	И
К	Й	Ю	И	Ш	Н	Ч	А	Р	И	Т	Д	П	Р	Ч	Ф
Ш	Х	Ь	Ц	Л	И	Ъ	Ц	О	С	Р	О	Р	А	Х	О
Ъ	Ь	У	И	Ь	И	Ц	И	Ц	Н	А	Б	Е	Е	Б	Х
П	М	Й	Н	Ж	Щ	Щ	Я	Е	А	Ц	Р	Г	Н	Ч	Ъ
Щ	В	Д	А	Ц	Е	Д	Е	С	Н	И	Е	О	С	Р	В
Ф	С	Е	Р	Т	С	Т	Е	Р	И	Я	Н	В	Р	У	У
Й	П	Ь	Г	Я	Д	Г	Щ	З	Ф	Ю	И	О	О	Ч	Д
Д	О	К	У	М	Е	Н	Т	И	И	Ь	Е	Р	К	Л	О
С	С	И	Т	У	А	Ц	И	Я	Д	К	Х	И	Г	А	Ц

АДМИНИСТРАЦИЯ
ВЪЗРАСТНИ
ПОМОЩ
ОДОБРЕНИЕ
КОМУНИКАЦИЯ
КРАЕН СРОК
ДОКУМЕНТИ
ДЕЦА
ФИНАНСИРАНЕ
ГРАНИЦИ
ЕЗИК
ЖИЛИЩЕ
ЗАКОН
ПРЕГОВОРИ
ОФИЦЕР
ПРОЦЕС
ЗАЩИТА
СИТУАЦИЯ
РЕШЕНИЕ
СТРЕС

77 - Maison

Ш	Г	Ь	Й	Ж	Ь	Ь	Ь	К	Ж	Х	К	У	П	Я	В
Ь	Л	Б	С	Г	А	К	Е	Т	О	И	Л	Б	И	Б	Щ
Л	Ж	Б	О	В	Я	Л	Я	Я	Ф	В	Ю	Л	Б	Щ	В
И	А	Л	Т	Е	М	И	Л	И	К	Е	Ч	Ъ	Е	Б	Щ
Т	Р	М	К	Ь	Д	П	Д	О	С	Ф	О	У	Ъ	И	О
О	А	К	П	Ф	Щ	Щ	Т	Ъ	Т	Ъ	В	П	Ц	Н	Р
Р	Г	Т	У	А	Н	Е	Т	С	А	Б	Е	О	Н	К	Ч
У	Н	Л	Ц	Х	Л	У	Б	Д	Я	Ъ	Т	К	Л	Л	О
М	А	А	Е	Ж	Н	А	В	А	Т	Ш	Р	Р	К	А	Г
Ч	Ь	Ж	Р	Д	С	Я	Ф	Ь	А	А	Ш	И	Г	Ф	Р
Е	И	Щ	О	Й	А	Н	И	М	А	К	У	В	Т	Г	А
Л	Е	Е	З	А	М	Л	Б	П	Е	Р	Д	Е	Т	А	Д
Ч	Н	А	О	У	К	Б	О	Н	Ь	Е	Л	У	Л	Т	И
Ж	М	Л	Р	Р	Ч	Ь	Ю	Ш	У	Н	Я	Ш	Г	А	Н
Б	Т	К	П	Т	Ъ	Е	Н	Ф	Ш	Р	П	Ъ	Ъ	Р	А
А	Б	Л	О	Г	Р	А	Д	А	Д	Г	Ш	У	О	В	Ъ

МЕТЛА
БИБЛИОТЕКА
СТАЯ
КАМИНА
КЛЮЧОВЕ
ОГРАДА
КУХНЯ
ДУШ
ПРОЗОРЕЦ
ГАРАЖ
ГРАДИНА
ЛАМПА
ОГЛЕДАЛО
СТЕНА
ТАВАН
ВРАТА
ПЕРДЕТА
МАЗЕ
КИЛИМ
ПОКРИВ

78 - Légumes

К	Х	П	М	Й	Л	И	Ф	И	Ж	Д	Н	И	Ж	Д	П
Р	В	А	А	Р	М	У	Ш	Л	Ж	Ш	Ж	Р	А	Ь	Л
А	Ф	Т	Г	О	О	К	К	О	Т	В	Ж	М	П	Х	Д
С	Ф	Л	Д	Б	Р	Р	Я	К	А	Н	А	П	С	Б	А
Т	Щ	А	А	Ф	К	Б	Ц	О	М	П	Ч	Е	С	Ъ	Н
А	Д	Д	Н	А	О	К	М	Р	О	К	Я	А	Щ	Ш	И
В	Г	Ж	О	К	В	Ь	Е	Б	Д	Н	Ш	Р	Ф	Й	Л
И	Ц	А	З	Ч	И	К	Г	Ъ	Б	А	Г	Т	Е	Й	Е
Ц	Й	Н	Т	И	Ъ	П	И	А	Ж	В	Р	И	У	Х	Ц
А	Ъ	Ж	С	П	Щ	К	Ч	Т	Й	Н	А	Ш	Щ	А	У
Ъ	А	К	Г	Е	Т	Ф	К	А	К	Д	Х	О	К	В	Е
Й	Р	Я	Ш	Р	М	А	С	Л	И	Н	А	К	Я	Ъ	С
К	Б	Л	П	Б	Й	К	Е	А	Ф	Ъ	Ф	Л	С	Й	В
Ф	Ц	Ш	Ф	Е	Б	А	Г	С	У	Л	Ш	А	Л	О	Т
Л	У	Й	Р	Ж	Ь	Я	Ш	У	Т	Н	В	Н	Л	М	Ь
Ж	Р	Ю	Т	Б	Р	Ю	Г	У	Ю	Ь	Ж	Т	Ц	Ф	О

ЧЕСЪН
АРТИШОК
ПАТЛАДЖАН
БРОКОЛИ
МОРКОВ
ЦЕЛИНА
ГЪБА
ТИКВА
КРАСТАВИЦА
ШАЛОТ
СПАНАК
ДЖИНДЖИФИЛ
РЯПА
ЛУК
МАСЛИНА
МАГДАНОЗ
ГРАХ
РЕПИЧКА
САЛАТА
ДОМАТ

79 - Famille

Ж	Е	Н	А	Р	Т	С	Е	С	М	Ь	П	Щ	Ц	Б	Щ
Я	К	И	Щ	Д	Г	Ю	Н	А	А	И	Е	Е	Е	Р	О
Б	О	Ч	А	Т	А	У	К	У	Й	А	А	Ъ	Б	А	Б
Щ	Ч	Й	Б	Ъ	Ц	С	Т	Й	К	Т	Ч	Ш	Р	Т	Й
Л	Ю	А	Б	С	И	Ъ	М	У	А	Ю	М	М	А	Ь	Г
Х	Н	М	С	Ь	Н	П	Д	К	К	Л	О	Ж	Т	В	И
Д	Е	Ц	А	Е	Н	Р	Б	Щ	И	М	Т	О	О	Ж	Е
Ъ	Ц	С	Ю	Г	Е	У	О	С	Н	Д	Ю	Щ	В	Ь	Ъ
И	О	Я	О	Х	М	Г	В	Ж	Н	Ч	Б	О	Ч	И	Ч
П	Р	Е	Д	Ш	Е	С	Т	В	Е	Н	И	К	Е	Ъ	Т
Ш	Б	Л	Я	Н	Л	Г	С	Т	М	Щ	Б	Ь	Д	К	Б
Ь	А	Ч	Д	Ц	П	Ъ	Т	Д	Е	Т	Е	А	У	Ш	А
Д	Ъ	Щ	Е	Р	Я	Л	Е	Л	Л	В	О	Ф	Б	Ф	Щ
Д	Ъ	Ж	О	Г	К	К	Д	Я	П	У	С	Я	Б	А	И
Ш	Я	Т	У	Щ	Й	Я	С	Ъ	Д	В	Щ	А	А	Ч	Н
Х	Ш	Е	Й	Л	Ш	Я	С	Я	Х	А	В	С	Ь	П	А

ПРЕДШЕСТВЕНИК
БРАТОВЧЕД
ДЕТСТВО
ДЕТЕ
ДЕЦА
ЖЕНА
ДЪЩЕРЯ
БРАТ
БАБА
ДЯДО
СЪПРУГ
МАЙЧИН
МАЙКА
ПЛЕМЕННИК
ПЛЕМЕННИЦА
ЧИЧО
БАЩИНА
БАЩА
СЕСТРА
ЛЕЛЯ

80 - Oiseaux

Д	Ф	Ж	Л	Ш	В	У	Ю	Я	О	Д	Т	Б	Р	Ь	П
Т	У	К	А	Н	К	Т	Г	Б	М	Щ	Ц	Ш	Ц	Ф	И
Ж	Щ	В	Л	М	И	П	Х	Р	Ж	Н	Р	Т	П	Л	Е
Л	Ъ	Ж	Р	М	Ъ	Ж	Ж	Ц	А	Н	Г	Г	А	А	А
К	Й	Т	Щ	Е	Р	Щ	Ч	К	Щ	Ш	Б	Х	Т	М	Ж
Д	Т	К	Ф	Ь	П	Ь	Е	О	Н	А	Ъ	В	И	И	П
Д	М	С	Я	Х	Ь	Х	Б	П	Я	С	И	Ф	Ц	Н	И
Щ	Н	Ш	Д	Ш	Л	Б	Ж	Г	Ь	Н	У	М	А	Г	Н
К	Ъ	Т	М	Р	Е	Ъ	Я	Т	С	У	А	Р	Щ	О	Г
П	У	Р	Ю	П	И	Л	Е	В	Р	А	Б	Ч	Е	Н	В
Е	И	К	К	Ж	Ф	Ъ	А	Щ	Р	П	Л	Й	П	Ю	И
Л	Л	Д	У	Е	Н	Г	К	Г	В	Д	Е	Б	Е	Л	Н
И	В	Е	П	В	Л	С	С	Н	А	В	Р	А	Г	К	Н
К	Д	Ъ	Р	Ф	И	Х	Ъ	В	Ъ	П	О	Д	Ю	С	Г
А	Я	Й	Ц	Е	Щ	Ц	Г	М	П	И	А	К	Й	А	Ч
Н	Г	Ч	Л	Д	Т	П	А	Л	П	А	Ч	П	Ю	Р	У

ОРЕЛ
ЩРАУС
ПАТИЦА
ЩЪРКЕЛ
ГЪЛЪБ
ГАРВАН
КУКУВИЦА
ЛЕБЕД
ФЛАМИНГО
ЧАПЛА
ПИНГВИН
ВРАБЧЕ
ЧАЙКА
ЯЙЦЕ
ГЪСКА
ПАУН
ПАПАГАЛ
ПЕЛИКАН
ПИЛЕ
ТУКАН

81 - Disciplines Scientifiques

Л	Г	З	О	О	Л	О	Г	И	Я	Е	Р	Ю	Е	Л	Б
И	Ш	Е	А	Н	А	Т	О	М	И	Я	Б	Ц	Ъ	Ю	Щ
Н	Л	М	О	П	С	И	Х	О	Л	О	Г	И	Я	Р	Ш
Г	Ш	Т	Б	Л	С	О	Ц	И	О	Л	О	Г	И	Я	Й
В	У	Я	И	Г	О	Л	О	Р	О	Е	Т	Е	М	Я	М
И	П	О	К	Я	И	Г	О	Л	А	Р	Е	Н	И	М	Б
С	Х	И	М	И	Я	Я	И	Г	О	Л	О	Н	У	М	И
Т	В	Й	Ч	Ц	Ф	Г	Л	Я	И	Г	О	Л	О	И	Б
И	А	Р	Х	Е	О	Л	О	Г	И	Я	К	Ь	Я	Ь	М
К	Н	С	Т	Е	Р	М	О	Д	И	Н	А	М	И	К	А
А	Ф	И	З	И	О	Л	О	Г	И	Я	Е	Л	Г	О	А
Б	О	Т	А	Н	И	К	А	С	Т	Щ	Ф	Я	О	Т	Я
Б	И	О	Х	И	М	И	Я	Г	Й	Д	Ч	Я	Л	Н	Б
М	Е	Х	А	Н	И	К	А	Щ	И	Ь	О	Я	О	Ф	У
А	С	Т	Р	О	Н	О	М	И	Я	О	А	Ь	К	Е	А
Х	А	Н	И	Е	Я	И	Г	О	Л	О	Р	В	Е	Н	Й

АНАТОМИЯ
АРХЕОЛОГИЯ
АСТРОНОМИЯ
БИОХИМИЯ
БИОЛОГИЯ
БОТАНИКА
ХИМИЯ
ЕКОЛОГИЯ
ГЕОЛОГИЯ
ИМУНОЛОГИЯ
ЛИНГВИСТИКА
МЕХАНИКА
МЕТЕОРОЛОГИЯ
МИНЕРАЛОГИЯ
НЕВРОЛОГИЯ
ФИЗИОЛОГИЯ
ПСИХОЛОГИЯ
СОЦИОЛОГИЯ
ТЕРМОДИНАМИКА
ЗООЛОГИЯ

82 - Maladie

З	Р	В	И	Г	Й	Б	Ъ	П	Х	Ц	С	Я	П	М	А
Н	А	Д	О	Г	Щ	Т	Е	Т	И	Н	У	М	И	С	Д
А	Н	Р	П	Й	Х	Ь	Ц	Л	Д	И	Н	В	Т	И	Б
С	М	Х	А	С	Ч	Щ	Р	Д	О	Л	И	У	С	И	Т
Л	Е	Ж	Р	З	Д	Ь	Ъ	Л	Б	Д	С	Л	О	К	К
Е	Р	Ч	Я	В	Е	Н	С	В	Ф	Ъ	Р	И	К	Ъ	Й
Д	О	С	Ф	Ъ	Б	Н	Е	У	И	Е	Г	О	Х	Ж	Ь
С	К	И	П	З	Ж	Е	Р	В	М	Ш	Ъ	Ж	Б	Т	О
Т	А	Н	Ж	П	Ь	Л	И	Г	Р	К	М	Ж	О	Е	Х
В	Л	Д	Т	А	Н	Е	Ч	И	Н	О	Р	Х	Х	Щ	Н
Е	Е	Р	Я	Л	Й	Т	Щ	И	Л	Ю	П	Х	Н	У	Ш
Н	Р	О	Л	Е	У	А	Д	О	Т	Л	Т	А	Х	Ч	Ю
Ь	Г	М	О	Н	К	Х	Ю	Ц	Н	В	Ъ	У	Т	М	М
П	И	Л	Х	И	Я	И	Д	С	Л	А	Б	Ш	Щ	И	Р
М	И	Ш	П	Е	Ь	Д	З	Д	Р	А	В	Е	О	Е	Я
Г	Е	Н	Е	Т	И	Ч	Е	Н	П	Г	У	Ш	С	Ч	Д

КОРЕМНА
АЛЕРГИИ
ХРОНИЧЕН
ЗАРАЗЕН
ТЯЛО
СЪРЦЕ
СЛАБ
ГЕНЕТИЧЕН
НАСЛЕДСТВЕН
ИМУНИТЕТ
ВЪЗПАЛЕНИЕ
НЕВРОПАТИЯ
КОСТИ
БЕЛОДРОБЕН
ДИХАТЕЛЕН
ЗДРАВЕ
СИНУС
СИНДРОМ

83 - Univers

А	Г	Д	У	Н	Л	Т	Ъ	М	Н	И	Н	А	П	К	С
Н	Х	А	Ъ	С	У	О	О	И	Ж	А	С	Н	О	О	Щ
Г	У	Ь	Л	А	Н	Ф	О	Д	Х	А	Л	И	Л	С	Ю
Й	И	А	Ь	А	А	О	Х	И	Ч	С	Ъ	Р	У	М	И
Ф	П	Т	Т	Ф	К	Д	Й	В	О	Т	Н	И	К	И	Ф
Ю	Л	И	Д	М	Е	Т	Ю	П	Д	Р	Ц	Ш	Ъ	Ч	О
Г	Ш	Б	Ь	Р	О	О	И	О	Ъ	О	Е	В	Л	Е	Т
В	Ж	Р	Л	Щ	Й	С	Я	К	Ю	Н	С	Д	Б	С	М
Е	О	О	Д	К	Е	Х	Ф	С	А	О	Т	Ъ	О	К	Г
Ч	К	Ч	И	У	И	Ж	Л	Е	Ж	М	О	Л	М	И	Р
Н	А	В	Ж	С	Х	Ч	Л	Л	Р	Я	Е	Ж	Ь	У	Ж
Ъ	И	Я	А	У	Ц	Б	Н	Е	Н	А	Н	И	Д	Л	Ш
Л	Д	Л	А	Т	Д	Ч	Х	Т	Е	Б	Е	Н	Н	Ж	Л
С	О	Я	И	М	О	Н	О	Р	Т	С	А	А	Р	Ъ	Й
И	З	Л	Д	И	О	Р	Е	Т	С	А	Щ	Х	Ъ	Щ	У
С	У	Ъ	Ф	Х	О	Р	И	З	О	Н	Т	О	М	А	Я

АСТЕРОИД
АСТРОНОМ
АСТРОНОМИЯ
АТМОСФЕРА
НЕБЕ
КОСМИЧЕСКИ
ЕКВАТОР
ГАЛАКТИКА
ПОЛУКЪЛБО
ХОРИЗОНТ
ШИРИНА
ДЪЛЖИНА
ЛУНА
ТЪМНИНА
ОРБИТА
СЛЪНЧЕВ
СЛЪНЦЕСТОЕНЕ
ТЕЛЕСКОП
ВИДИМ
ЗОДИАК

84 - Géographie

Ъ	Ъ	Л	Ъ	Я	С	Г	Б	У	Ж	С	О	П	С	Р	К
В	И	С	О	Ч	И	Н	А	И	Е	В	С	О	Е	Е	И
Ю	Ь	А	Н	И	Н	А	Л	П	Н	Я	Т	Л	В	Г	И
Ъ	Ч	Л	Г	Р	А	Д	Я	Ъ	Т	Т	Р	У	Е	И	Г
Р	Ц	Т	Щ	Ц	У	Я	Х	Н	Т	Т	О	К	Р	О	Ъ
О	Х	А	К	О	Е	И	М	В	П	Ш	В	Ъ	И	Н	Й
Ъ	З	Ц	Х	Ш	И	Р	И	Н	А	В	Г	Л	Д	В	П
Ъ	А	И	Ш	Ь	Е	О	О	Т	Т	К	Ш	Б	Ь	Ъ	Ш
Х	П	Ш	Б	Е	С	Т	М	М	Р	Ж	Е	О	К	Й	У
Ь	А	Е	Л	Р	В	И	Е	Щ	А	Н	А	Р	Т	С	Н
О	Д	Щ	В	Т	О	Р	Р	У	К	С	Ф	Щ	Ч	Г	О
Ч	Д	М	П	П	А	Е	И	Ь	Я	Р	Т	И	О	Г	М
Ъ	У	Ъ	В	Ю	С	Т	Д	Й	Щ	Е	Щ	Ъ	Й	В	О
В	Ч	О	И	М	Й	Ъ	И	В	В	В	К	Ю	В	П	В
Ю	Я	О	К	Е	А	Н	А	Я	Ф	Ч	Г	А	Ю	А	К
Ш	К	Й	Х	Т	Н	Е	Н	И	Т	Н	О	К	Ь	Г	И

ВИСОЧИНА
АТЛАС
КАРТА
КОНТИНЕНТ
РЕКА
ПОЛУКЪЛБО
ОСТРОВ
ШИРИНА
МОРЕ
МЕРИДИАН
СВЯТ
ПЛАНИНА
СЕВЕР
ОКЕАН
ЗАПАД
СТРАНА
РЕГИОН
ЮГ
ТЕРИТОРИЯ
ГРАД

85 - Danse

Е	Ю	Ю	Р	С	В	Р	Ю	Ъ	Б	Ч	А	О	Щ	Р	Щ
И	М	Л	Б	Я	Ъ	А	У	Е	Л	А	К	В	Ъ	Ц	И
А	А	О	Л	И	Л	Д	О	Е	А	Р	У	Т	Л	У	К
К	К	Г	Ц	Ц	К	О	М	Ю	Г	О	Щ	С	Ш	Ф	С
И	А	А	Ю	И	Ю	С	У	Ь	О	Ь	Й	У	Ю	О	Е
З	И	Б	Д	Т	Я	Т	Ъ	Е	Д	Н	Х	К	Д	А	Ч
У	П	К	Ч	Е	О	Е	Ш	С	А	Т	И	З	Г	Ш	И
М	Ц	А	Х	П	М	Н	Х	Ц	Т	Р	О	И	Ь	Я	С
Е	Е	И	Н	Е	Ж	И	В	Д	Б	А	З	О	П	Н	А
В	П	Д	Е	Р	И	М	Я	О	О	П	Р	Х	М	Ц	Л
Х	О	Р	Е	О	Г	Р	А	Ф	И	Я	Ъ	И	Е	Ю	К
И	З	Р	А	З	И	Т	Е	Л	Е	Н	Х	Й	Т	Н	Ф
Д	Б	О	Т	Р	А	Д	И	Ц	И	О	Н	Е	Н	Ъ	Н
К	У	Л	Т	У	Р	Е	Н	Е	Л	А	У	З	И	В	М
А	Й	Я	Н	Р	С	Е	Ц	Т	Б	Ж	Д	К	Х	Ч	Д
Т	Ж	Т	Ж	Я	Е	Т	Ц	А	Ь	Т	Ш	Щ	У	Й	Ш

АКАДЕМИЯ
ИЗКУСТВО
ХОРЕОГРАФИЯ
КЛАСИЧЕСКИ
ТЯЛО
КУЛТУРА
КУЛТУРЕН
ИЗРАЗИТЕЛЕН
ЕМОЦИЯ
БЛАГОДАТ
РАДОСТЕН
ДВИЖЕНИЕ
МУЗИКА
ПАРТНЬОР
ПОЗА
РЕПЕТИЦИЯ
РИТЪМ
ТРАДИЦИОНЕН
ВИЗУАЛЕН

86 - Bâtiments

Т	Ъ	Ф	Ъ	Б	Ь	Б	А	Ц	Ц	Ш	Ж	Р	У	П	Ф
Н	В	Я	И	Р	О	Т	А	Р	О	Б	А	Л	Н	А	А
Е	И	Щ	Ш	С	Н	Л	У	О	К	О	Р	Ш	И	Л	Б
М	Ю	Т	Ф	Ш	И	Л	Н	Щ	Й	Й	А	К	В	А	Р
А	Ф	Е	В	П	К	Т	Я	И	Д	В	Г	К	Е	Т	И
Т	О	К	Ю	О	Ю	Я	И	Ш	Ц	И	Т	К	Р	К	К
Р	В	Р	Е	Ъ	Л	Т	Р	С	Ш	А	Е	С	С	А	А
А	Т	А	М	К	Н	Ю	О	Я	Ю	А	В	Й	И	А	Г
П	С	М	Ъ	Ф	С	С	Т	Н	М	Л	Р	И	Т	Т	Ц
А	Л	Р	Т	Р	Ъ	Т	А	Е	Т	У	Я	С	Е	З	Ж
Ъ	О	Е	Г	Ж	А	А	В	Ф	П	К	З	К	Т	А	Х
Щ	С	П	В	И	Ж	Д	Р	Х	А	А	Е	Е	Ю	М	Щ
Ж	О	У	Ж	Н	Д	И	Е	О	Р	Б	Х	Д	Й	Ъ	Г
Й	П	С	Г	Е	Я	О	С	Т	Ю	И	Ч	К	Ь	К	Б
Л	А	Ь	Б	Ю	В	Н	Б	Е	Т	Н	Д	О	Ъ	Ч	Л
У	Ч	И	Л	И	Щ	Е	О	Л	Я	А	Щ	Е	У	Е	Я

ПОСОЛСТВО
АПАРТАМЕНТ
КАБИНА
ЗАМЪК
КИНО
УЧИЛИЩЕ
ГАРАЖ
ПЛЕВНЯ
БОЛНИЦА
ХОТЕЛ
ЛАБОРАТОРИЯ
МУЗЕЙ
ОБСЕРВАТОРИЯ
СТАДИОН
СУПЕРМАРКЕТ
ПАЛАТКА
ТЕАТЪР
КУЛА
УНИВЕРСИТЕТ
ФАБРИКА

87 - Activités et Loisirs

Г	Р	А	Д	И	Н	А	Р	С	Т	В	О	Б	О	К	С
Т	Е	Н	И	С	С	Г	М	У	Р	К	А	Н	Е	Н	К
А	А	Щ	А	Р	И	С	К	А	Л	Е	Р	Р	Ъ	В	Х
П	Л	У	В	А	Н	Е	Ж	Ь	О	Ж	Ц	В	Е	Ч	Ц
Ж	И	В	О	П	И	С	И	Й	Б	О	У	Й	К	В	Щ
Ю	Л	Б	В	И	Я	К	Й	Г	Й	У	Г	У	Ь	Г	К
П	А	З	А	Р	У	В	А	Н	Е	Ф	У	Т	Б	О	Л
Ч	К	Ж	М	Н	Е	Ц	О	О	Л	О	Б	З	Й	Е	Б
К	О	Т	Ч	М	П	Д	Щ	Р	О	П	Ц	Ч	У	Ь	А
Р	И	Б	О	Л	О	В	С	М	В	У	Л	О	Ь	Л	Й
Х	И	З	К	У	С	Т	В	О	Ъ	Б	Ь	Ш	М	Р	П
Л	О	Б	Т	Е	К	С	А	Б	Ю	З	Я	Ш	П	А	Р
Г	К	Б	М	Р	Ж	Й	С	Ъ	Р	Ф	И	Р	А	Н	Е
В	Г	Н	И	П	М	Ъ	К	А	К	Б	Ш	Р	Г	Н	Ъ
М	А	В	У	Т	Ъ	П	Т	Н	И	И	Г	О	У	Я	О
Я	Т	Ю	Д	Х	А	Г	О	Л	Ф	Л	Ь	Ю	Я	Т	Т

ПАЗАРУВАНЕ
ИЗКУСТВО
БЕЙЗБОЛ
БАСКЕТБОЛ
БОКС
КЪМПИНГ
ФУТБОЛ
ГОЛФ
ГРАДИНАРСТВО
ПЛУВАНЕ
ХОБИТА
ЖИВОПИС
РИБОЛОВ
ГМУРКАНЕ
ТУРИЗЪМ
РЕЛАКСИРАЩА
СЪРФИРАНЕ
ТЕНИС
ВОЛЕЙБОЛ
ПЪТУВАМ

88 - Livres

Р	А	Р	У	Т	А	Р	Е	Т	И	Л	Й	П	Х	Д	С
П	Й	Ж	Й	С	Г	Б	С	У	З	А	Б	Р	У	В	Т
О	К	И	К	С	Е	Ч	И	Р	О	Т	С	И	М	О	И
К	А	Ц	И	Н	А	Р	Т	С	Б	Т	Ю	К	О	Й	Х
У	Ц	Ч	Ш	Е	И	Л	И	А	Р	Р	Р	Л	Р	С	О
К	О	Н	Т	Е	К	С	Т	Я	Е	А	А	Ю	И	Т	Т
Ь	Н	Ю	У	И	Х	Щ	С	И	Т	Г	З	Ч	С	В	В
К	О	Л	Е	К	Ц	И	Я	З	А	И	К	Е	Т	Е	О
М	Щ	Р	Ц	П	А	К	Ю	Е	Т	Ч	А	Н	И	Н	Р
А	В	Т	О	Р	И	У	П	О	Е	Е	З	И	Ч	О	Е
Й	Б	Й	Б	М	С	М	Й	П	Л	Н	В	Е	Е	С	Н
Ф	Й	В	У	Б	Т	Е	Ж	К	Е	Е	А	Е	Н	Т	И
Р	Х	Й	Б	О	О	С	Ж	С	Н	М	Ч	Ф	Ъ	К	Е
Т	Ф	В	Ц	Т	Р	Т	Ч	И	Т	А	Т	Е	Л	Ъ	Х
А	Ю	Ч	Я	Х	И	Е	Е	П	И	Ч	Е	Н	Л	Е	О
Б	У	С	Ъ	Р	Я	Н	А	М	О	Р	Й	Х	И	Н	А

АВТОР
ПРИКЛЮЧЕНИЕ
КОЛЕКЦИЯ
КОНТЕКСТ
ДВОЙСТВЕНОСТ
ЕПИЧЕН
ИСТОРИЯ
ИСТОРИЧЕСКИ
ХУМОРИСТИЧЕН
ИЗОБРЕТАТЕЛЕН
ЧИТАТЕЛ
ЛИТЕРАТУРА
РАЗКАЗВАЧ
СТРАНИЦА
УМЕСТЕН
СТИХОТВОРЕНИЕ
ПОЕЗИЯ
РОМАН
СЕРИЯ
ТРАГИЧЕН

89 - Pays #2

Е	С	С	Е	Б	П	Ц	У	Т	Ю	Ъ	Р	Е	У	К	И
Щ	О	Р	Т	Ш	Б	А	А	Ф	Ъ	У	И	Й	Н	Ф	Н
Х	М	К	Т	К	Х	Р	Д	Х	Е	Б	Я	Д	Х	И	Д
М	А	Я	И	Н	О	П	Я	О	Ю	Е	Ф	Ъ	Ш	Ю	О
Щ	Л	М	Я	С	Ч	О	Ь	К	Щ	П	С	К	Г	Щ	Н
М	И	У	Д	А	К	Б	Ц	В	П	С	И	Р	И	Я	Е
Х	Я	Х	У	Д	Ш	Е	У	Й	Я	С	Л	Т	П	И	З
Л	И	К	Е	Н	И	Я	М	Б	М	Ч	Ъ	Ч	И	Н	И
Ь	Ц	Щ	Ж	А	Я	И	Д	Н	А	Л	Р	И	Е	А	Я
Ъ	Н	Е	Б	Г	Й	Н	О	Т	Й	Л	А	О	С	Б	Х
М	А	Ж	С	У	Д	А	Н	Г	К	Р	Д	Г	Р	Л	Щ
Г	Р	С	Б	А	Й	Д	Т	Н	А	В	И	Л	У	А	Е
Л	Ф	В	Й	Н	А	Т	С	И	К	А	П	Е	С	Ч	Л
У	К	Р	А	Й	Н	А	Я	Ж	К	Ц	Р	О	И	Н	М
Ч	Ъ	Ц	Ъ	Л	Ж	У	В	П	Й	Ъ	Л	О	Я	Т	Р
С	Г	С	Ч	Ж	Ю	Ъ	Е	Ю	Т	Т	Ь	Л	А	Ж	Ъ

АЛБАНИЯ
КИТАЙ
ДАНИЯ
ФРАНЦИЯ
ХАИТИ
ИНДОНЕЗИЯ
ИРЛАНДИЯ
ЯМАЙКА
ЯПОНИЯ
КЕНИЯ
ЛАОС
ЛИВАН
МЕКСИКО
УГАНДА
ПАКИСТАН
РУСИЯ
СОМАЛИЯ
СУДАН
СИРИЯ
УКРАЙНА

90 - Fournitures d'Art

П	Б	А	Т	В	С	Т	А	Т	И	В	Г	Ъ	Л	П	Ф
П	Я	Я	К	Ш	О	Ч	Х	Й	У	Е	Ц	М	Ц	А	Х
С	Т	О	Л	Н	Е	Д	П	Т	К	Ш	О	Ъ	В	С	Г
А	К	Р	И	Л	Е	Н	А	С	А	М	Щ	Д	Р	Т	С
К	Ц	Д	Г	Т	О	А	Г	Ш	Щ	Ш	Н	О	Т	Е	М
А	В	У	Т	Ж	В	Х	Н	Л	А	Ь	Ш	А	Р	Л	Р
М	Е	Г	Ш	Т	Т	Е	Ч	Б	И	К	Т	Е	Ч	И	Е
Е	Т	Х	Н	М	С	Ш	М	В	О	Н	Ч	Я	Й	К	Ш
Р	О	Й	Р	В	Е	Д	Д	Щ	Б	О	А	И	Д	Е	И
А	В	Щ	Ц	Б	Ч	Г	И	И	Я	Р	Й	Т	М	Я	Д
У	Е	И	Л	Е	Р	А	В	К	А	Ц	Ц	Р	Д	У	Р
Д	М	А	С	Л	О	Л	И	П	Е	Л	Ъ	А	Ч	Т	Г
Д	Х	А	П	Я	В	В	Л	Б	Ъ	Х	П	Х	Ч	Г	Р
Я	У	Ъ	А	С	Т	С	О	Л	И	Т	С	А	М	Л	П
В	Т	Ъ	М	Ю	А	У	М	Ш	Б	Г	П	Т	Ф	Х	К
Г	С	Е	Ж	Ч	Т	Ц	У	Ж	Ц	К	Д	Ш	У	Ь	Ч

АКРИЛЕН
АКВАРЕЛИ
ГЛИНА
ЧЕТКИ
КАМЕРА
СТОЛ
СТАТИВ
ЛЕПИЛО
ЦВЕТОВЕ
МОЛИВИ
ТВОРЧЕСТВО
ВОДА
МАСТИЛО
ГУМИЧКА
МАСЛО
ИДЕИ
ХАРТИЯ
ПАСТЕЛИ
БОИ
МАСА

91 - Eau

В	Л	Е	К	Р	О	Ц	А	Щ	Л	Г	Я	Б	У	С	Ц
М	Л	Н	А	Е	К	О	П	А	Р	А	Н	П	Ц	Л	Х
Ь	С	А	Г	М	Я	Г	Н	У	Г	Щ	Й	Ш	Ф	М	В
К	Б	В	Г	Е	Н	Ь	Ь	Ю	Х	Ъ	Е	И	Ч	Р	Ъ
Ч	А	Я	Р	А	Л	Ш	У	Т	У	Р	Ш	О	Б	А	О
П	Т	Р	Е	З	Й	Е	Г	Т	Я	Г	Ж	Ю	Я	З	М
У	Е	А	Т	Ц	В	Ю	Й	Щ	П	Ю	Ж	О	Е	Ъ	Т
Ю	К	П	К	Н	Я	Ь	Ч	Ф	Щ	Я	Ш	Б	И	Ж	В
Ф	Б	З	Л	Ш	Ф	А	Ф	Г	Г	К	Е	Ъ	Н	О	К
Б	Ц	И	Р	С	Ш	Д	Й	Ь	К	К	С	Б	Е	Р	А
И	Ц	С	Н	Я	Г	Н	А	П	О	Я	В	А	Н	Е	Н
А	Ю	Н	О	Д	Е	Л	В	И	Ж	Е	Т	И	Д	З	А
О	Ф	Ъ	С	Х	Ъ	П	Ф	Н	Г	Я	Ч	Д	О	Е	Л
Й	К	П	У	А	Н	Ж	А	Л	В	Т	Ъ	Ж	В	В	Ч
Я	Ж	Г	М	А	Ш	У	Д	Ъ	У	Р	А	Г	А	Н	Г
Р	Е	К	А	Д	Р	Т	Ь	В	Ш	Ъ	Ж	А	Н	Ь	Й

КАНАЛ
ДУШ
ИЗПАРЯВАНЕ
РЕКА
МРАЗ
ГЕЙЗЕР
ЛЕД
ВЛАЖНА
ВЛАГА
НАВОДНЕНИЕ
НАПОЯВАНЕ
ЕЗЕРО
МУСОН
СНЯГ
ОКЕАН
УРАГАН
ДЪЖД
ВЪЛНИ
ПАРА

92 - Jazz

Ш	Г	В	О	Н	Ф	Л	Й	Ю	А	Ъ	А	Е	Ч	Д	М
Ф	А	Ю	Ь	Р	Н	Х	Ю	Ю	П	Ь	Л	Ж	Щ	У	Г
Й	У	В	А	Л	К	Н	Ж	Н	Е	Ь	Б	А	Щ	Х	Ц
Х	Ф	Ш	Е	У	Я	Е	М	Ь	С	Б	У	Н	Т	У	Ю
С	О	Л	О	Я	Ш	Т	С	Д	Е	Х	М	Р	Е	Д	Х
Щ	Л	Т	М	И	Ж	С	Ю	Т	Н	Я	Щ	Б	Х	О	К
У	М	Я	П	Ц	Ъ	Е	Ь	Р	Ъ	Л	Ъ	А	Н	Ж	О
В	Е	Г	Т	А	Л	В	С	Е	О	Р	Й	Р	И	Н	М
С	И	Л	Ь	З	М	З	Ф	Ц	Б	Й	Ч	А	К	И	П
Ч	Б	Д	А	И	Ч	И	Т	Н	Ю	Д	М	Б	А	К	О
Ю	Е	А	А	В	М	К	М	О	П	Ъ	У	А	Ъ	Ф	З
Ц	В	Т	У	О	А	О	Н	К	П	М	З	Н	Ц	Б	И
Ю	У	Р	Я	Р	Т	А	Л	А	Н	Т	И	И	А	П	Т
Л	Ч	Ш	Ч	П	С	Т	И	Л	Р	С	К	У	Н	Л	О
Р	И	Т	Ъ	М	Л	Ю	Б	И	М	И	А	Б	Х	О	Р
Ъ	Л	Д	А	И	С	Ъ	С	Т	А	В	С	Т	А	Р	Ш

АЛБУМ
ХУДОЖНИК
ИЗВЕСТЕН
ПЕСЕН
КОМПОЗИТОР
СЪСТАВ
КОНЦЕРТ
ЛЮБИМИ
ЖАНР
ИМПРОВИЗАЦИЯ
МУЗИКА
НОВ
ОРКЕСТЪР
РИТЪМ
СОЛО
СТИЛ
ТАЛАНТ
БАРАБАНИ
ТЕХНИКА
СТАР

93 - Paysages

Ц	В	Ъ	О	Т	Е	И	Т	С	У	А	П	Р	О	А	И
Т	Я	Я	Т	С	М	Ч	А	Й	С	Б	Е	Р	Г	П	Л
С	Й	Ь	Ч	Д	Т	Т	Д	О	П	У	Ю	Е	Н	У	Х
М	О	Р	Е	М	В	Р	К	Ф	О	П	Ж	З	И	С	У
Л	Ж	Д	Ю	Н	Ж	Р	О	Л	Л	Р	С	Й	Ч	Т	В
Ц	Т	А	Т	Ц	Н	Ц	М	В	У	В	О	Е	Ч	И	Г
П	К	С	К	И	Н	Д	Е	Л	О	У	Ь	Г	Ж	Н	С
Р	Р	Ю	Н	Ь	П	Т	З	Г	С	Т	Й	Д	В	Я	Ъ
Ф	Е	П	В	Я	Е	У	Е	Н	Т	Н	А	К	Л	У	В
Ж	К	Г	М	Н	Щ	Н	Р	С	Р	Е	Т	Л	К	С	Е
Д	А	А	Ю	О	Е	Д	О	Ц	О	Б	Х	Ц	Б	Ж	В
Ж	Н	Л	Ь	А	Р	Р	П	Ж	В	Г	Т	Е	Н	Я	Г
Ъ	И	Ц	П	З	А	А	Н	И	Н	А	Л	П	Ъ	Р	К
М	Л	Щ	Щ	И	В	О	Д	О	П	А	Д	Х	Ъ	Л	М
Е	О	Я	Ю	С	А	Ю	Ъ	Х	Й	Р	А	А	Г	Ч	У
Д	Д	У	Ю	Я	Ф	У	Щ	Х	Н	Щ	В	Ч	Х	А	Ж

ВОДОПАД
ХЪЛМ
ПУСТИНЯ
УСТИЕТО
РЕКА
ГЕЙЗЕР
ЛЕДНИК
ПЕЩЕРА
АЙСБЕРГ
ОСТРОВ
ЕЗЕРО
БЛАТО
МОРЕ
ПЛАНИНА
ОАЗИС
ПОЛУОСТРОВ
ПЛАЖ
ТУНДРА
ДОЛИНА
ВУЛКАН

94 - Pays #1

Й	Р	Ц	Б	В	Е	Н	Е	Ц	У	Е	Л	А	К	Е	Х
С	О	К	О	Р	А	М	С	Я	Ц	Щ	Х	У	Ж	К	Ч
П	П	Ф	Л	В	А	У	Г	А	Р	А	К	И	Н	В	П
Д	У	О	Ц	Ь	Я	З	Ш	Ф	М	Ш	Д	Г	Б	А	К
Ф	Ж	Л	И	Я	И	К	И	Ь	К	Л	Л	Ж	Ш	Д	М
Т	Л	Я	Ь	И	Д	К	Р	Л	Н	О	Ф	И	М	О	А
Ф	И	Н	Л	А	Н	Д	И	Я	И	П	И	Б	Б	Р	Л
И	С	П	А	Н	И	Я	Й	И	Ф	Я	Л	Е	П	И	И
П	Ъ	Ь	К	И	Д	И	И	Н	Х	А	И	О	А	Ъ	Я
Л	Ю	Д	С	Т	Ь	Н	Ч	А	А	Л	П	Г	Н	Л	О
Р	А	Е	Д	Н	Р	Ъ	А	М	Ш	Щ	И	Й	А	Ь	О
Д	В	Ъ	Н	Е	Я	М	Д	Р	Ю	Ш	Н	Ш	М	П	Й
П	Х	Д	П	Ж	Й	У	А	Е	Ъ	Ч	И	Ь	А	В	Н
Щ	Х	Ф	Ю	Р	К	Р	Ц	Г	К	А	Н	А	Д	А	Щ
Е	Ц	Е	Ъ	А	Р	Щ	Н	О	Р	В	Е	Г	И	Я	М
А	Ф	Г	А	Н	И	С	Т	А	Н	И	З	Р	А	Е	Л

АФГАНИСТАН
ГЕРМАНИЯ
АРЖЕНТИНА
БРАЗИЛИЯ
КАНАДА
ИСПАНИЯ
ЕКВАДОР
ФИНЛАНДИЯ
ИНДИЯ
ИЗРАЕЛ
ЛИБИЯ
МАЛИ
МАРОКО
НИКАРАГУА
НОРВЕГИЯ
ПАНАМА
ФИЛИПИНИ
ПОЛША
РУМЪНИЯ
ВЕНЕЦУЕЛА

95 - Nombres

Ч	Ш	Д	Е	В	Е	Т	Н	А	Д	Е	С	Е	Т	Н	Д
С	Е	Е	Й	В	Ц	О	П	Ф	У	Е	П	М	Т	Ш	Е
Г	Х	Т	С	Е	Ш	Ж	Ц	М	Ъ	С	Д	Ж	Е	Т	С
Ю	Н	Е	И	Т	Е	С	Е	Д	А	Н	М	Е	С	О	Е
Ч	Т	П	Р	Р	Н	Д	Е	С	Е	Т	О	С	Е	М	Т
Т	Е	Г	Т	А	И	А	Л	У	Н	К	Й	Й	Д	Ю	И
Ж	С	Ь	Й	Ъ	А	Т	Д	Л	Р	Я	Ц	Т	А	Ч	Ч
У	Е	Х	Щ	У	А	Т	Р	Е	Ц	Д	П	Д	В	О	Е
Ь	Д	В	Е	И	Ю	О	Я	И	С	Ф	Ю	Е	Д	Щ	Н
Ъ	А	Г	Ю	К	П	Й	Г	Ч	Н	Е	Г	В	Й	В	Ш
В	Н	Г	Я	Г	Т	Т	Х	А	Ю	А	Т	Е	Ъ	У	Й
Ж	Т	Ч	Ф	Б	О	О	Ю	Ш	А	М	Д	Т	Б	Ъ	Ф
С	Е	Д	Е	М	Н	А	Д	Е	С	Е	Т	Е	Х	Г	Я
Ш	П	К	У	Ч	А	М	Я	Р	Я	Д	Ш	Я	С	Щ	Ъ
Щ	Г	Д	В	А	Н	А	Д	Е	С	Е	Т	Ь	Ь	Е	Ж
Ч	Е	Т	И	Р	И	Н	А	Д	Е	С	Е	Т	Х	Я	Т

ПЕТ
ДВЕ
ДЕСЕТИЧЕН
ДЕСЕТ
ОСЕМНАДЕСЕТ
ДЕВЕТНАДЕСЕТ
СЕДЕМНАДЕСЕТ
ДВАНАДЕСЕТ
ОСЕМ
ДЕВЕТ
ЧЕТИРИНАДЕСЕТ
ЧЕТИРИ
ПЕТНАДЕСЕТ
ШЕСТНАДЕСЕТ
СЕДЕМ
ШЕСТ
ТРИНАДЕСЕТ
ТРИ
ДВАДЕСЕТ
НУЛА

96 - Psychologie

Ь	Ц	Р	П	В	В	Ь	Р	В	Н	Ч	Д	В	Ж	Р	Ч
И	Д	Е	И	Я	Б	Ъ	П	Ш	Р	Х	И	Л	С	И	М
Л	А	Ч	В	Л	Ч	Б	З	Т	Л	Я	У	И	Г	У	К
П	О	З	Н	А	Н	И	Е	П	Е	Ю	Т	Я	Е	Г	О
Ю	Ъ	Д	Л	У	Л	Е	У	В	Р	Н	Е	Н	Г	Б	И
М	Г	У	Г	Ч	А	Ж	Н	Е	Ч	И	Н	И	Л	К	Ф
Б	Е	З	С	Ъ	З	Н	А	Н	И	Е	Е	Я	Ж	Ш	И
Р	Н	Л	К	Т	Д	Б	Н	Е	Ц	Т	Е	М	Т	Ф	Ц
Е	А	К	Б	С	П	И	Ц	И	Р	Т	Ч	Щ	А	Ш	Ж
А	Щ	О	Ь	О	О	Ц	Е	Н	К	А	Ю	Е	В	Н	Я
Л	Е	Н	Ф	Н	Р	Д	О	Е	К	Ж	К	Г	М	Ц	Е
Н	С	Ф	Т	Ч	Г	П	С	Д	Т	Е	Р	А	П	И	Я
О	У	Л	И	И	Ц	О	М	Е	Г	Л	И	В	Е	Ю	О
С	Л	И	Щ	Л	Ъ	Х	Т	В	Д	Е	Т	С	Т	В	О
Т	Ь	К	Х	К	С	Х	Л	О	Д	Ч	Ч	С	Ш	Р	Д
Р	Ш	Т	Ш	Ф	Ф	С	П	П	Ю	Т	Н	Ч	Ч	К	Ч

КЛИНИЧЕН
ПОЗНАНИЕ
ПОВЕДЕНИЕ
КОНФЛИКТ
ЕГО
ДЕТСТВО
ЕМОЦИИ
ОЦЕНКА
ИДЕИ
БЕЗСЪЗНАНИЕ
ВЛИЯНИЯ
МИСЛИ
ВЪЗПРИЕМАНЕ
ЛИЧНОСТ
ПРОБЛЕМ
РЕАЛНОСТ
МЕЧТИ
УСЕЩАНЕ
ТЕРАПИЯ

97 - Nature

Л	Й	Л	У	Н	Л	Ф	Л	Г	У	А	Т	В	Ж	Й	Ч
Н	У	И	Л	Е	Ч	П	М	Н	Т	И	Ъ	Я	И	Б	А
Х	Г	С	О	М	К	Ц	И	У	Е	Д	Г	М	В	И	Д
Г	Л	Т	Т	Н	О	Л	С	Д	О	П	Д	Ъ	О	Н	Ю
Т	О	Х	Ф	Е	Ь	Ю	Й	Ж	Л	Ь	Ю	М	Т	Е	Г
Р	А	Р	Й	Ч	Н	Р	С	К	С	Л	М	К	Н	С	О
О	Р	Н	А	И	А	Л	Й	И	Ч	Н	Е	Р	И	М	О
П	К	Е	Н	М	Ъ	Г	Л	А	К	Е	Р	А	Н	Щ	Б
И	Т	Ъ	П	А	Л	Ш	Я	П	Щ	М	Г	С	В	Ъ	Л
Ч	И	Б	Й	Н	В	Л	Ю	У	П	М	Х	О	Г	Ю	А
Е	К	Ч	В	И	Ф	Ж	Ж	С	Е	Л	В	Т	Р	М	Ц
С	А	Д	П	Д	Ш	Щ	Ш	Т	С	Р	А	А	Н	О	И
К	И	Н	Д	Е	Л	У	Р	И	Б	В	О	Н	П	Х	С
И	Н	Ж	А	В	О	Н	Е	Н	З	И	Ж	З	И	Л	Х
Я	Д	Ш	Ь	Н	Й	Ю	Л	Я	О	М	Т	А	И	Н	Б
Щ	С	В	Е	Т	И	Л	И	Щ	Е	О	Е	Ц	Ъ	Я	И

ПЧЕЛИ
ПОДСЛОН
ЖИВОТНИ
АРКТИКА
КРАСОТА
МЪГЛА
ПУСТИНЯ
ДИНАМИЧЕН
ЕРОЗИЯ
ЛИСТ
РЕКА
ГОРА
ЛЕДНИК
ПЛАНИНИ
ОБЛАЦИ
МИРЕН
СВЕТИЛИЩЕ
ДИВ
ТРОПИЧЕСКИ
ЖИЗНЕНОВАЖНИ

98 - Chimie

Е	А	Н	И	Л	Е	С	И	К	Т	В	К	К	Х	Ц	Ж
Т	Ъ	Л	И	О	Н	Т	К	Ъ	Е	О	А	И	М	Е	Г
Л	Г	Ц	К	С	Я	Л	С	М	Ч	Д	Т	С	О	Н	А
Ь	И	Е	В	А	Р	С	Я	П	Н	О	А	Л	Л	Б	Ь
Ф	Д	О	Р	Е	Л	Г	Ъ	В	О	Р	Л	О	Е	Ю	Ц
Т	А	В	О	Н	Б	Н	О	Й	С	О	И	Р	К	О	В
Г	Е	Л	Л	В	Т	Е	А	А	Т	Д	З	О	У	Ц	Ч
А	А	Г	Х	А	Й	М	И	З	Н	Е	А	Д	Л	Н	Щ
Р	Н	З	Л	Р	Х	О	Я	Щ	О	В	Т	М	А	Я	Ш
С	И	Б	Н	О	Р	Т	К	Е	Л	Е	О	Е	Ш	Л	Ъ
Ъ	Л	Р	Й	Щ	Х	А	И	Е	Д	Л	Р	Т	Р	Ш	Ф
Щ	П	А	Ш	Ю	В	Р	К	У	Я	Ъ	Я	А	Е	Д	Ц
Я	О	Г	Е	М	А	Е	Ч	Ц	С	Ъ	Д	Л	П	Г	Б
С	Т	У	Ш	Г	Ч	Г	У	О	Т	С	Р	И	У	Х	А
О	Б	Щ	Ф	Ь	А	Р	У	Т	А	Р	Е	П	М	Е	Т
И	Е	П	М	Ь	Ь	У	О	Г	Д	С	Н	Ж	С	Р	А

КИСЕЛИНА
АЛКАЛНА
АТОМЕН
ВЪГЛЕРОД
КАТАЛИЗАТОР
ТОПЛИНА
ХЛОР
ЕНЗИМ
ЕЛЕКТРОН
ГАЗ
ВОДОРОД
ЙОН
ТЕЧНОСТ
МЕТАЛИ
МОЛЕКУЛА
ЯДРЕН
КИСЛОРОД
ТЕГЛО
СОЛ
ТЕМПЕРАТУРА

99 - Bateaux

Г	С	Ъ	Я	Ю	Ц	Ч	Д	Ю	Е	Р	О	М	В	Ж	Ш
Ъ	Щ	Ъ	У	С	Щ	Ч	Ю	Г	Л	З	Я	Х	Ъ	Г	А
П	Л	А	Т	Н	О	Х	О	Д	К	А	Е	Ж	Ж	Р	М
К	А	Т	О	А	А	Ц	Ь	Р	П	А	Ф	Р	Е	Ф	А
О	С	Х	Б	Е	Ъ	К	Я	А	К	К	И	Б	О	Я	Н
Т	Н	Я	И	К	С	Р	О	М	Е	К	И	П	А	Ж	Д
В	Ц	Т	Р	О	Я	Ц	Ф	Я	Р	О	Н	И	Ч	И	У
А	Ж	Ч	Е	Ш	Ц	Р	С	Й	М	Ь	Р	Ш	Ю	Ю	Р
Н	Г	Я	Ф	О	Ь	Ь	О	П	Р	И	Л	И	В	Л	А
Х	Ц	И	У	П	Т	Й	Ж	М	М	Ю	Ц	М	С	С	Е
Л	В	Ю	С	Й	С	Й	Л	Й	К	Б	К	Р	П	Д	М
М	С	Н	Ф	Щ	Ш	П	Н	Р	М	Й	М	Ь	Д	Х	Я
А	Ф	Ф	Е	Ч	Ш	Т	Ф	Р	Е	К	А	Щ	Р	Ч	Щ
Ч	Д	В	И	Г	А	Т	Е	Л	Ъ	Г	Ф	Ь	Л	И	М
Т	Л	П	Т	Г	К	В	Ъ	Л	Н	И	С	Ъ	Я	Р	Х
А	Ь	Ш	Н	Б	С	Ж	Ш	А	И	Я	О	Й	Г	Т	Ъ

КОТВА
ШАМАНДУРА
КАНУ
ВЪЖЕ
ЕКИПАЖ
ФЕРИБОТ
РЕКА
КАЯК
ЕЗЕРО
ПРИЛИВ
МОРЯК
МАЧТА
МОРЕ
ДВИГАТЕЛ
МОРСКИ
ОКЕАН
САЛ
ВЪЛНИ
ПЛАТНОХОДКА
ЯХТА

100 - Mesures

Д	Й	Г	Ш	П	О	Ъ	Е	Ц	Ф	У	С	Я	Т	Д	Н
Х	Ъ	П	Р	Х	М	Ъ	Т	Ш	И	Р	И	Н	А	Е	М
Х	Ч	Л	П	А	Н	И	Ч	О	Б	Л	Ъ	Д	С	С	Е
Ц	Е	Е	Ж	Ъ	Д	Х	Ф	К	Ц	М	Н	О	А	Е	Т
С	Й	Ю	Х	И	Щ	У	Ж	И	У	А	Д	Ю	М	Т	Ъ
Д	М	Б	Ь	Е	Н	О	С	Л	Д	Т	С	Ч	В	И	Р
У	В	К	В	Ж	Ъ	А	Ъ	О	Н	Ь	С	М	Ч	Ч	Т
Н	П	И	Е	Р	Ъ	Т	Е	М	И	Т	Н	А	С	Е	И
Ц	Д	Е	С	И	Н	Ч	Ю	Е	Р	Б	Ь	Р	Ц	Н	Б
И	У	Х	Ш	О	Л	Г	Е	Т	М	А	Р	Г	П	О	Т
Я	Р	Е	Т	Ж	Ч	Ж	М	Ъ	О	Й	Ъ	О	А	Т	Ю
И	Т	Б	Б	Л	У	И	М	Р	Ъ	Т	И	Л	С	У	Л
Ъ	Т	Ь	Д	А	Т	У	Н	И	М	С	Я	И	К	Б	Т
Ю	П	Ч	И	Е	Ш	Е	Ж	А	Р	Е	Х	К	Т	Ж	Х
Е	Л	У	Х	П	Ю	Х	И	В	О	У	Ю	Т	Й	Т	Я
С	Й	Ц	Й	Я	Ц	Б	Ш	Ц	Ф	Ц	Ю	Х	Н	Ч	Г

САНТИМЕТЪР
ГРАДУС
ДЕСЕТИЧЕН
ГРАМ
ВИСОЧИНА
КИЛОГРАМ
КИЛОМЕТЪР
ШИРИНА
ЛИТЪР
ДЪЛЖИНА

МАСА
МЕТЪР
МИНУТА
БАЙТ
УНЦИЯ
ТЕГЛО
ИНЧ
ДЪЛБОЧИНА
ТОН

1 - Adjectifs #2

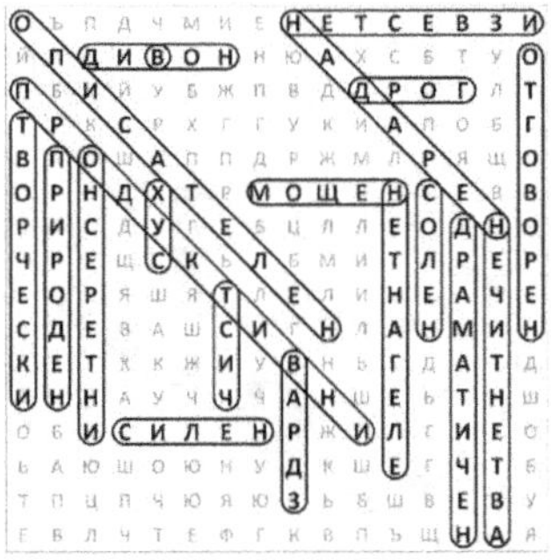

2 - Formes

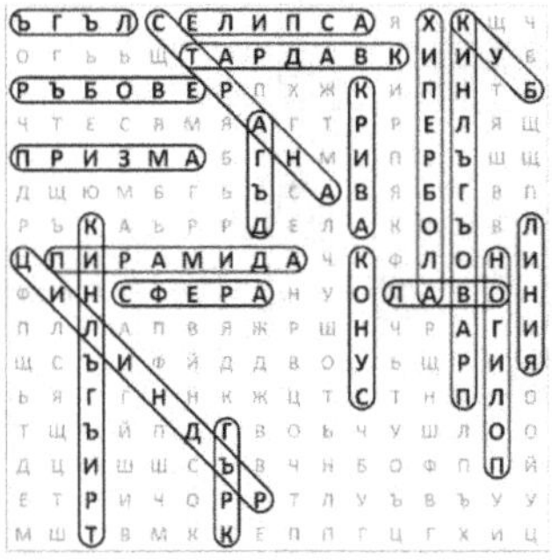

3 - Force et Gravité

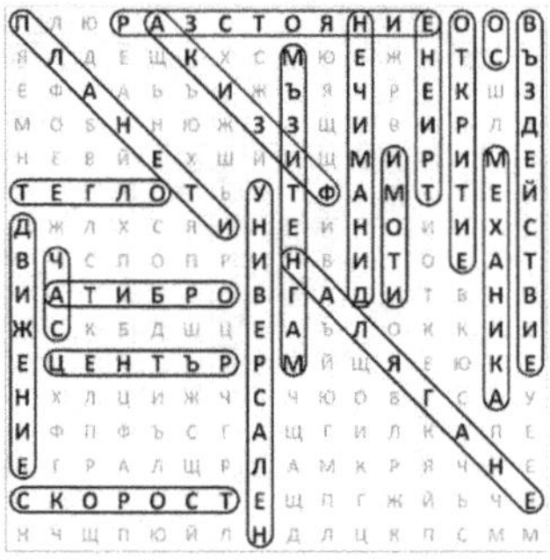

4 - Adjectifs #1

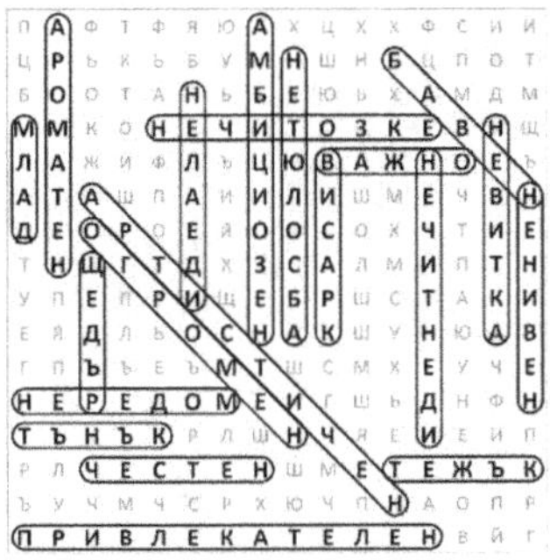

5 - Instruments de Musique

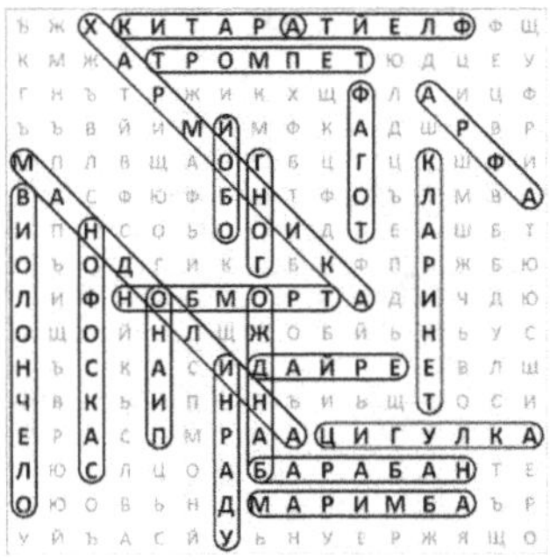

6 - Herboristerie

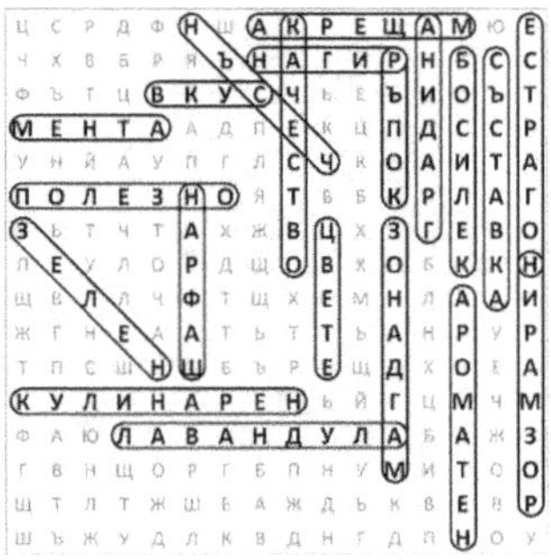

7 - Véhicules

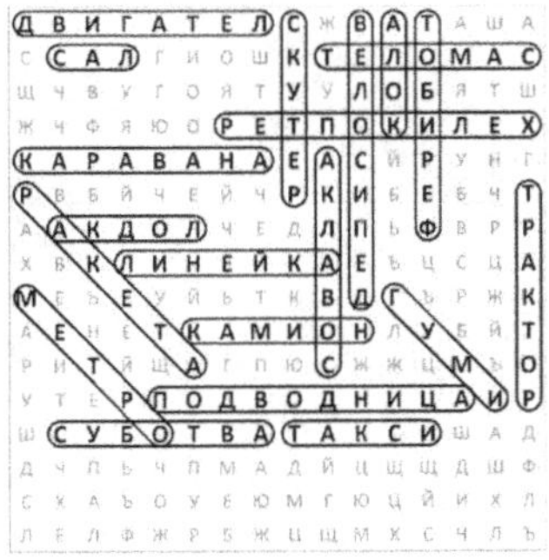

8 - Camping

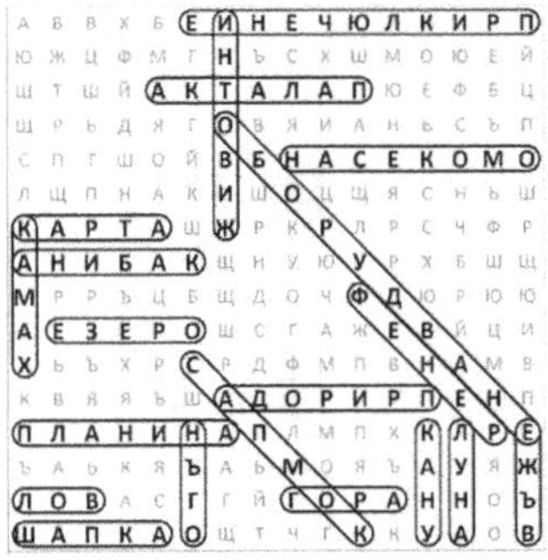

9 - Écologie

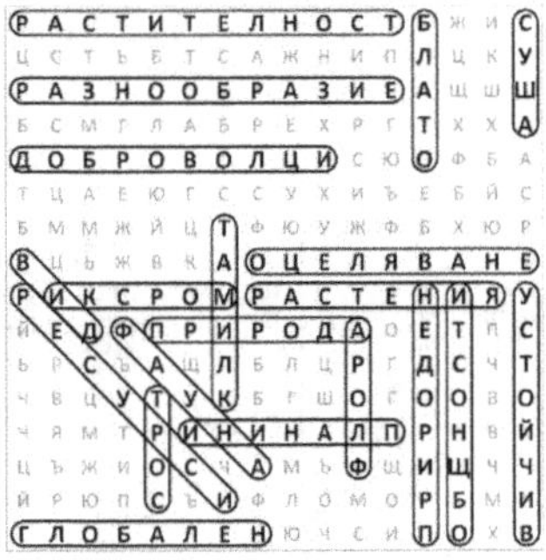

10 - Géométrie

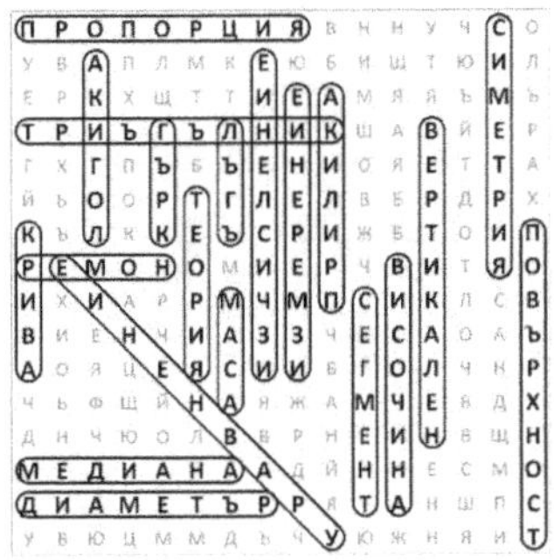

11 - Les Médias

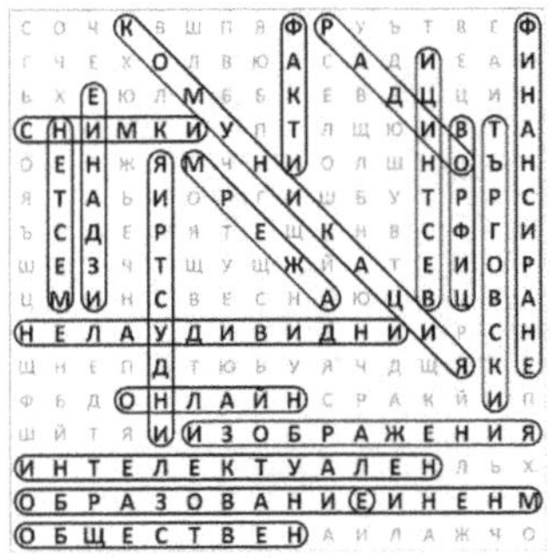

12 - Diplomatie

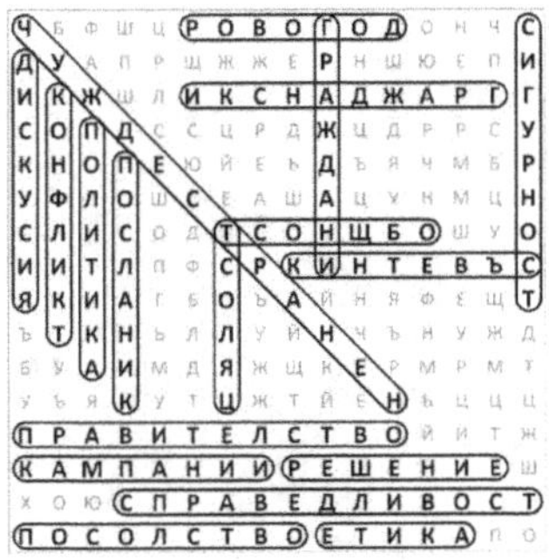

13 - Électricité

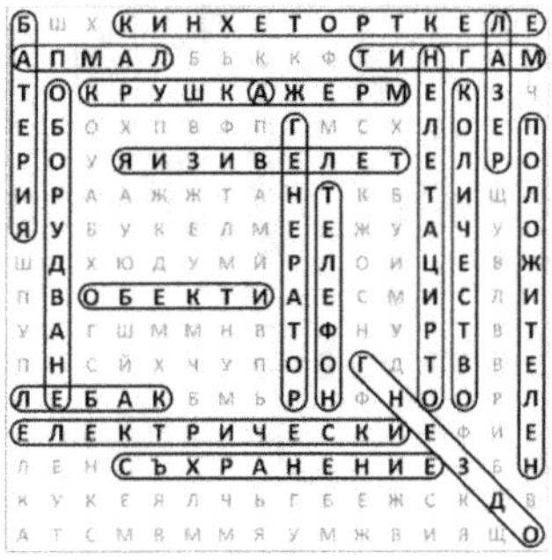

14 - Astronomie

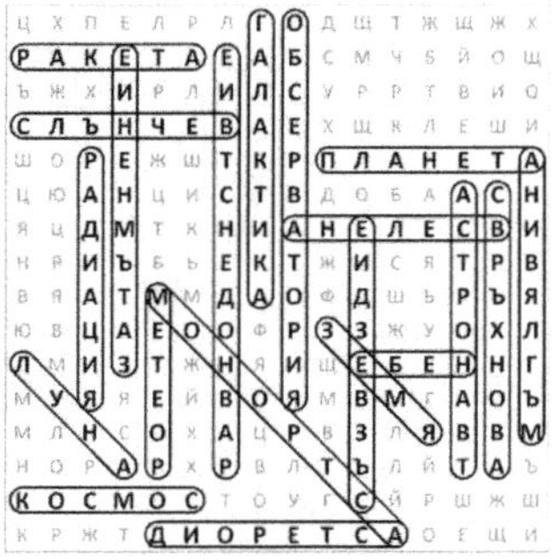

15 - Physique

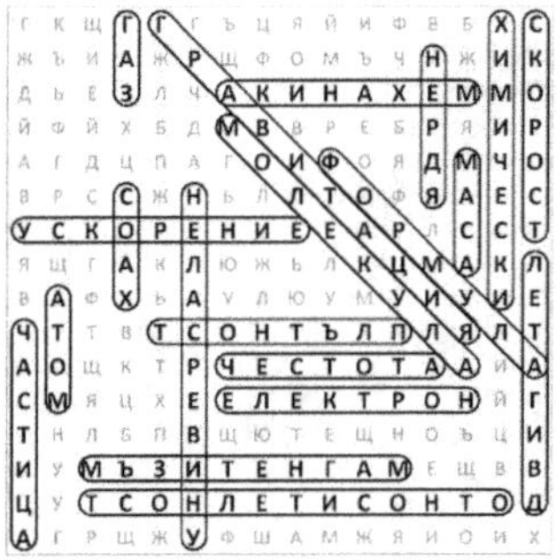

16 - Types de Cheveux

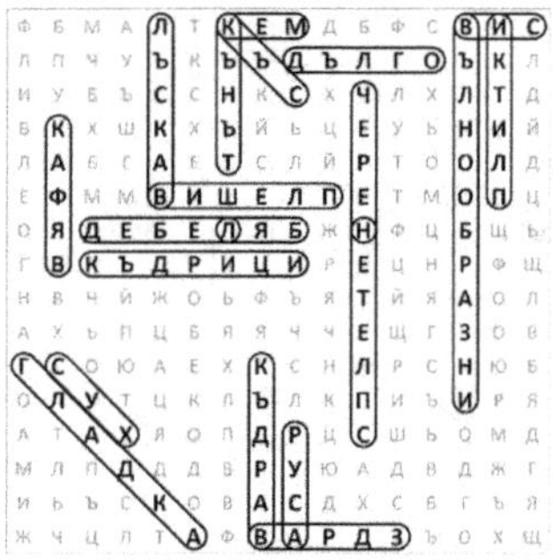

17 - Archéologie

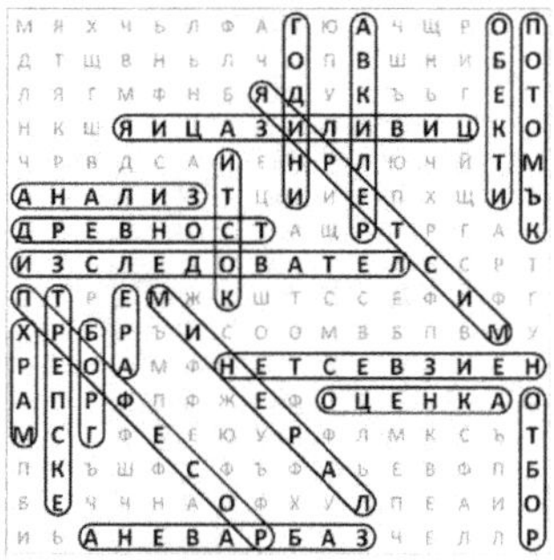

18 - Mammifères

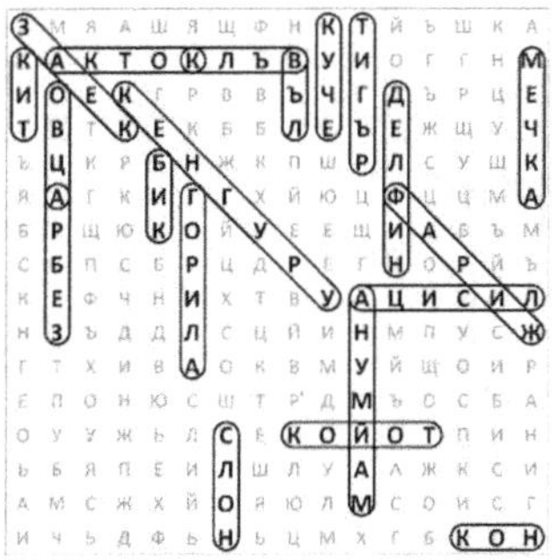

19 - Chocolat

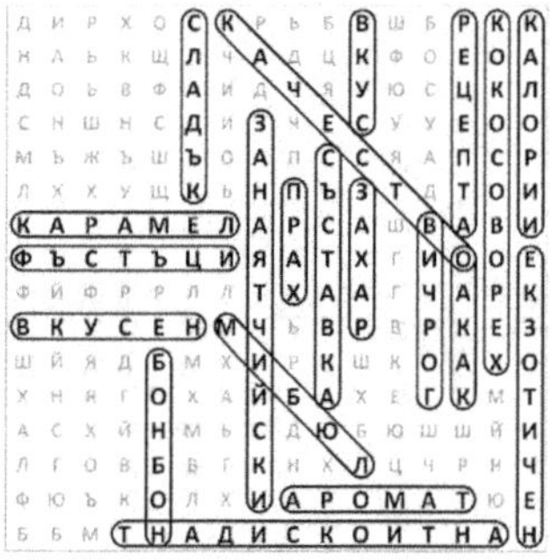

20 - Mathématiques

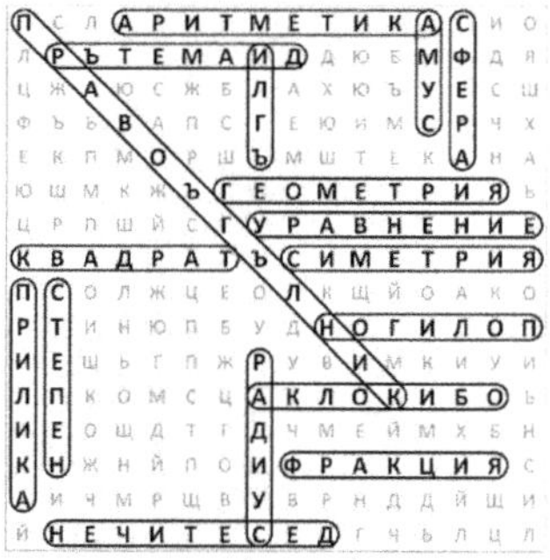

21 - Sport

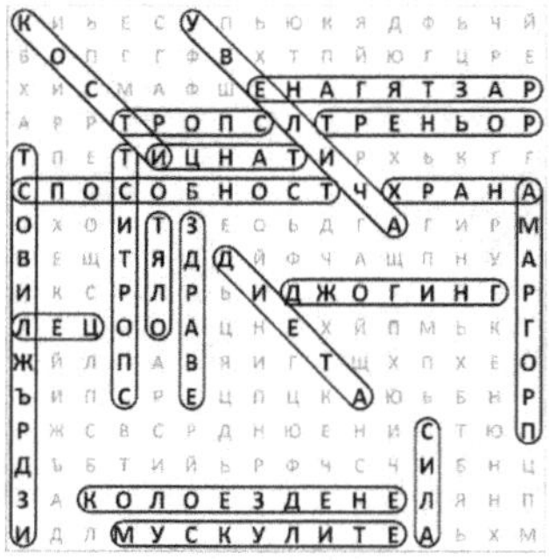

22 - Mythologie

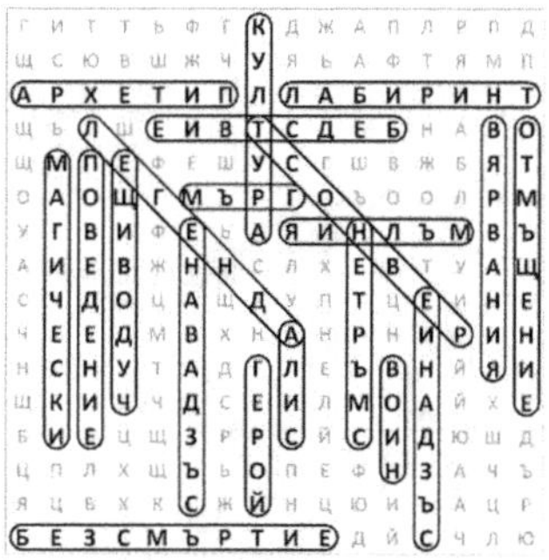

23 - Restaurant #2

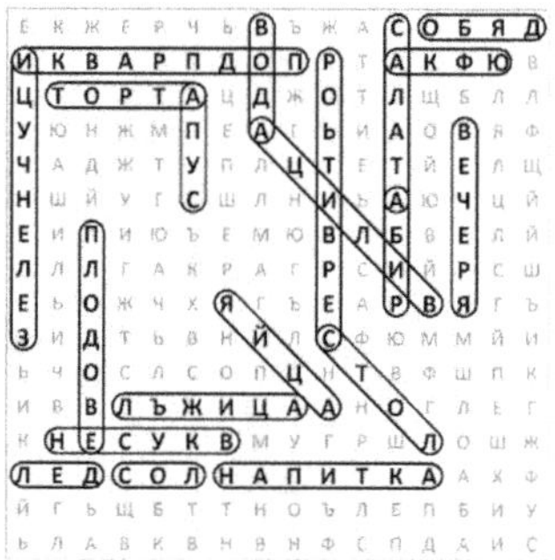

24 - Beauté

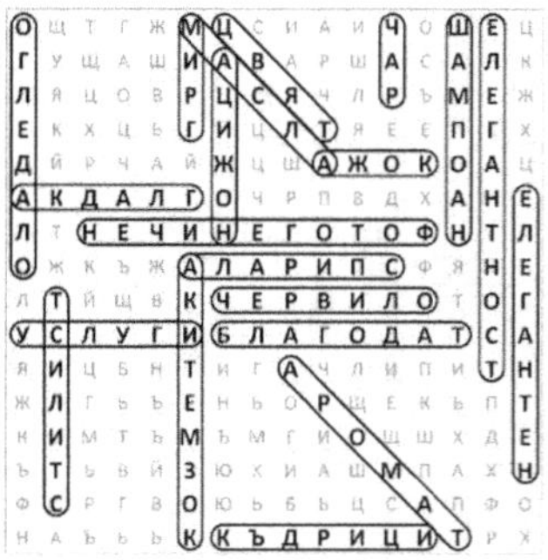

25 - Avions

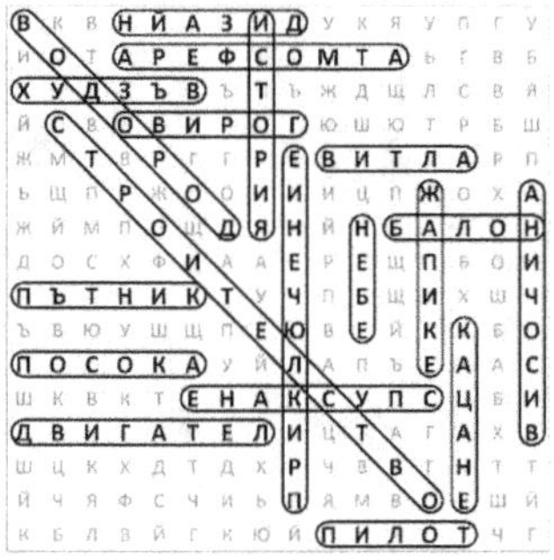

26 - Aventure

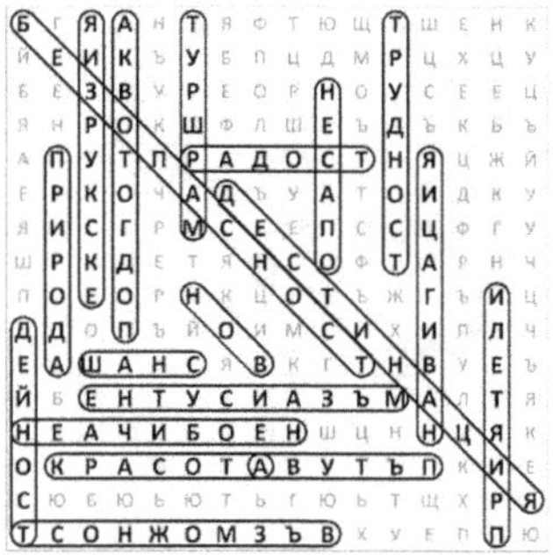

27 - Ville

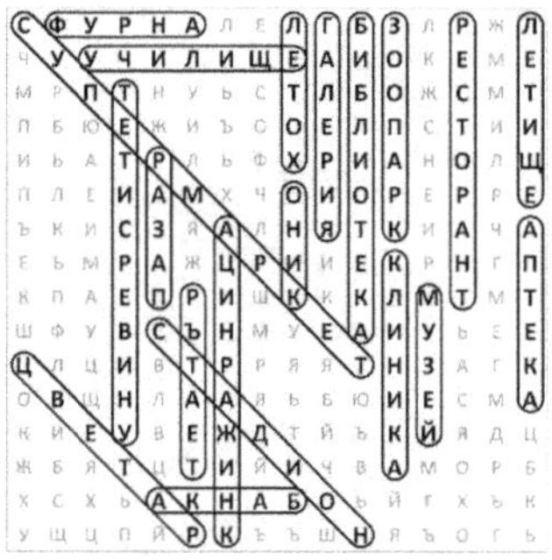

28 - Ingénierie

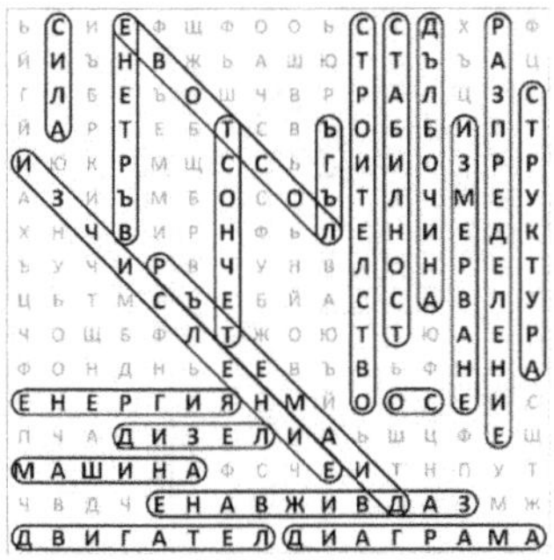

29 - Énergie

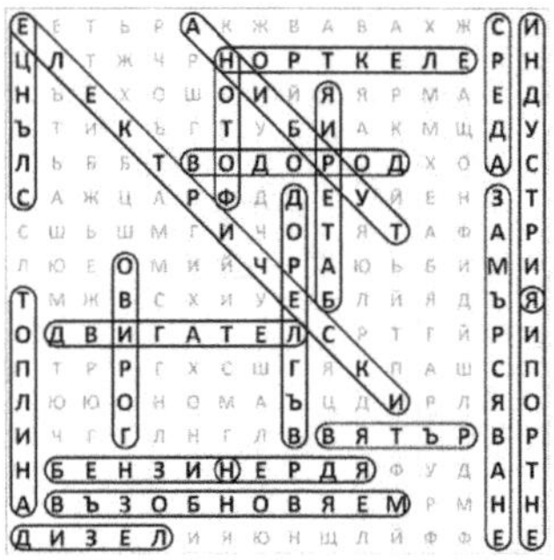

30 - Cuisine

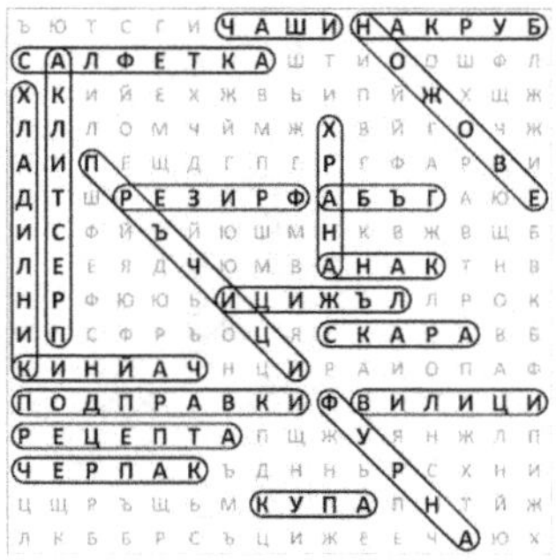

31 - Corps Humain

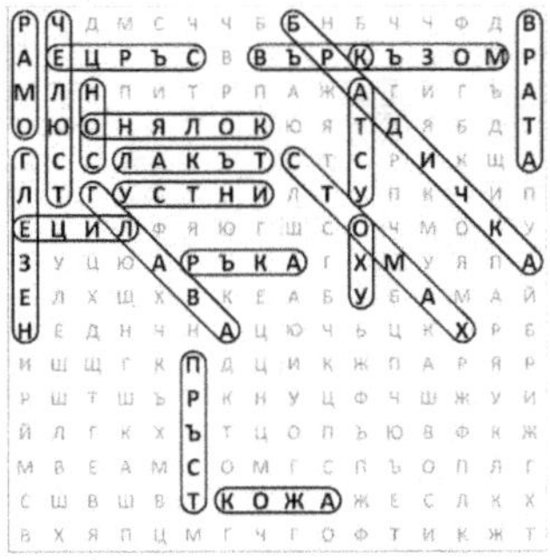

32 - Biologie

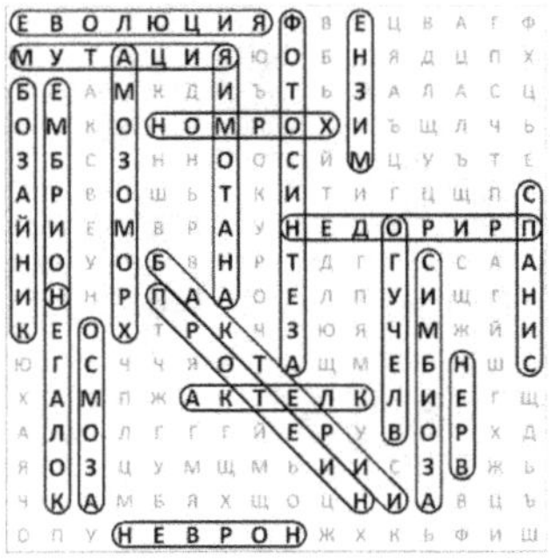

33 - Épices

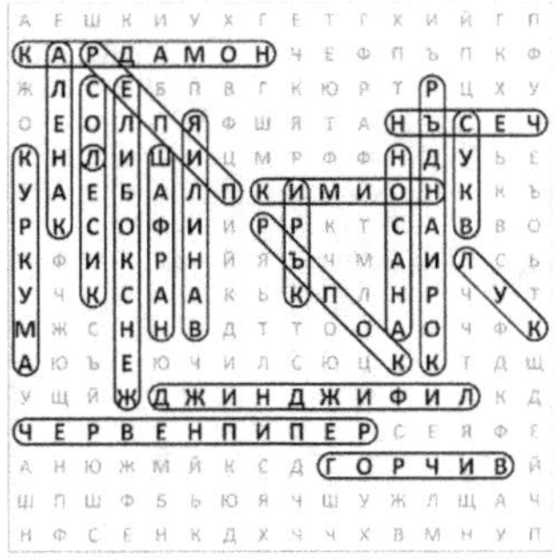

34 - Agronomie

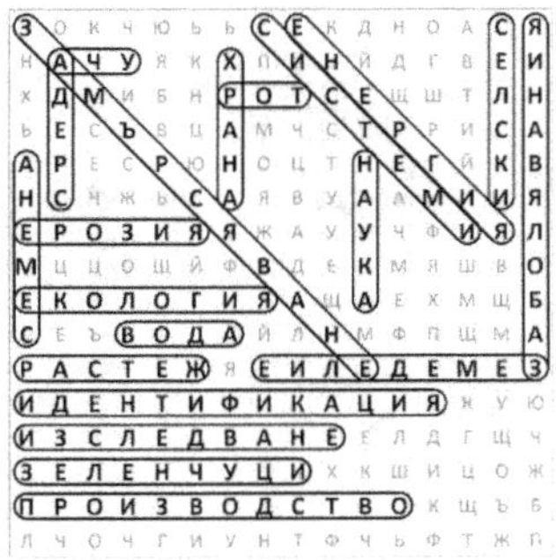

35 - Science

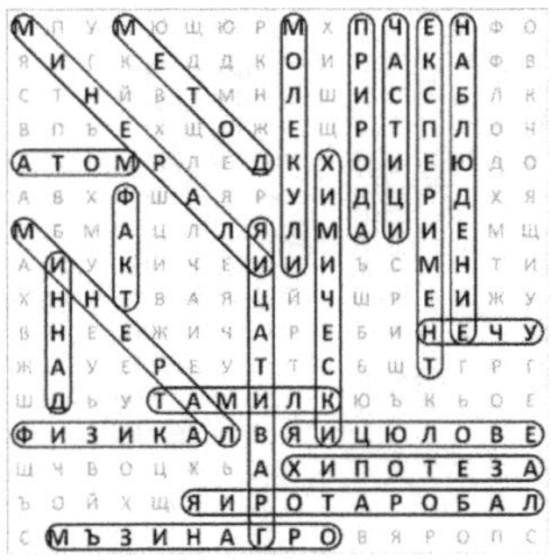

36 - Vêtements

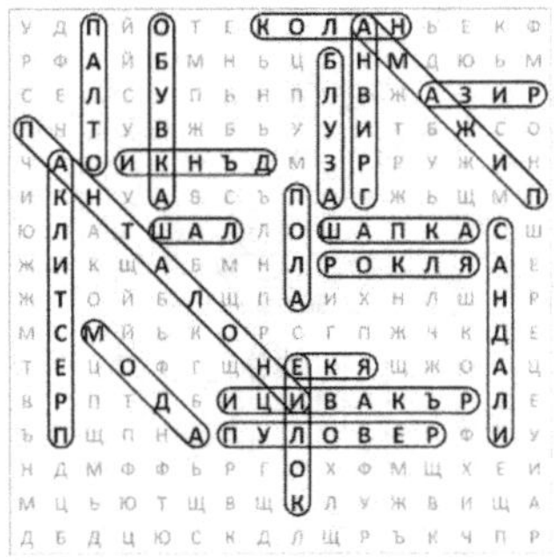

37 - Arts Visuels

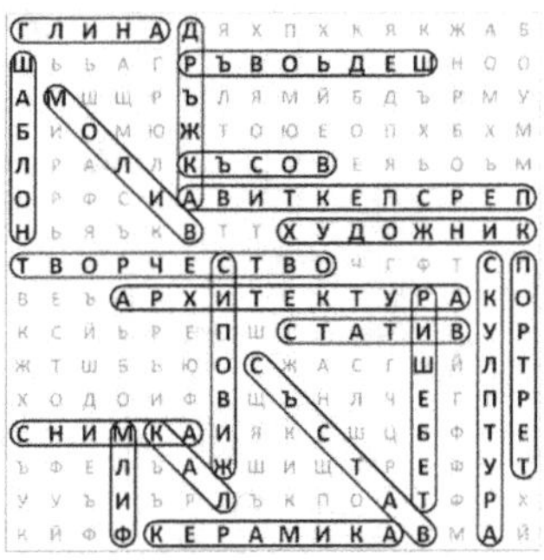

38 - Méditation

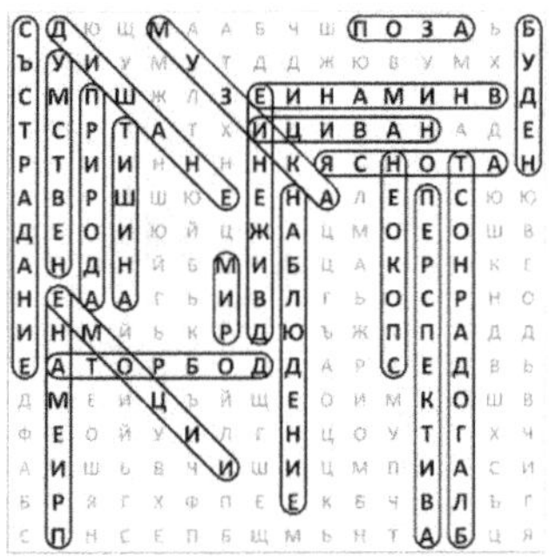

39 - Littérature

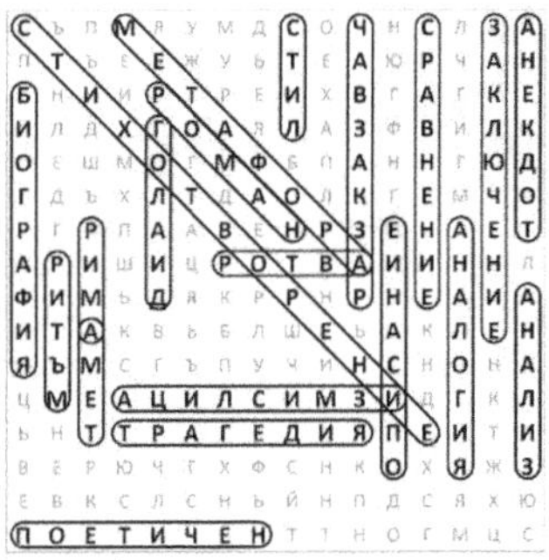

40 - Nourriture #1

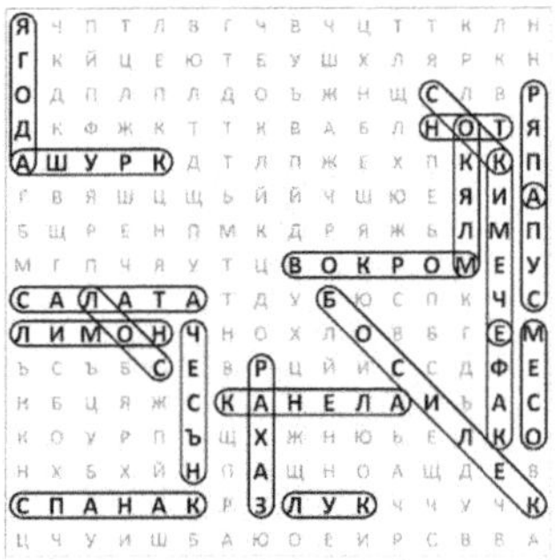

41 - Jours et Mois

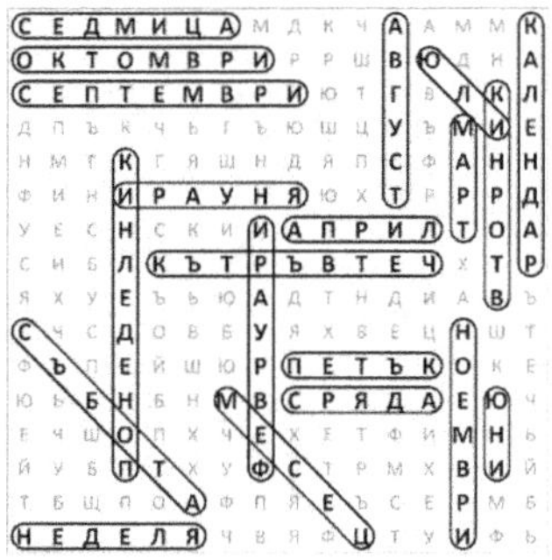

42 - Entreprise

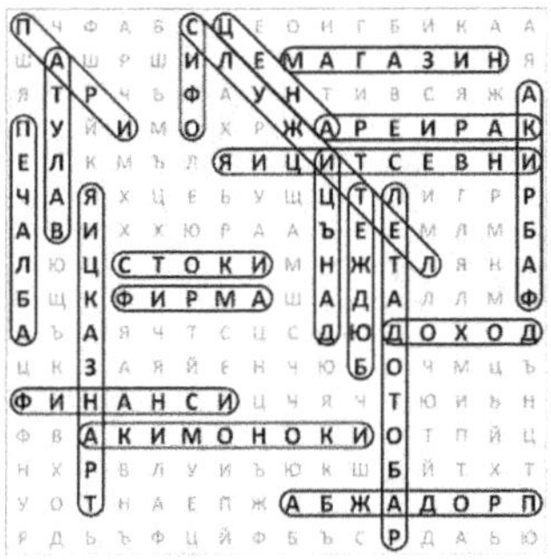

43 - Activités

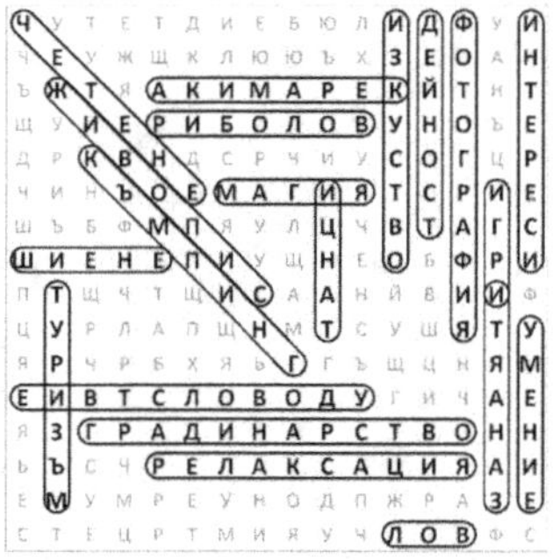

44 - Fleurs

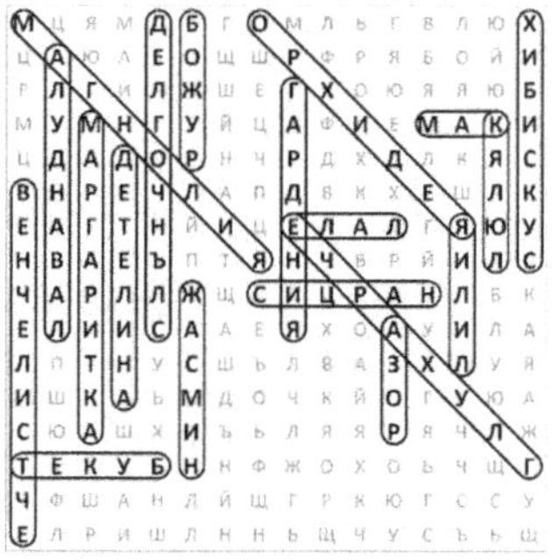

45 - Nourriture #2

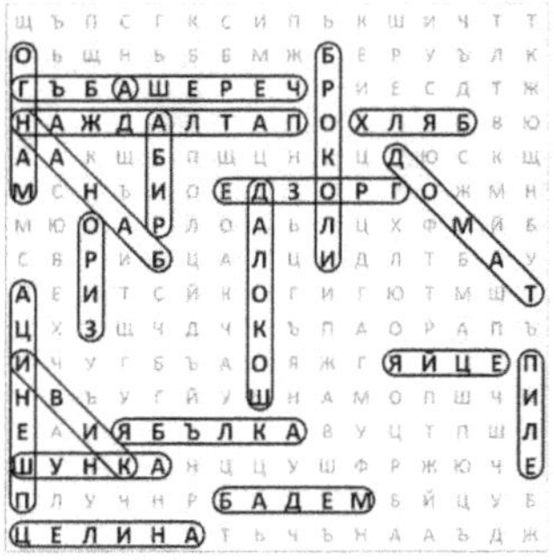

46 - Algèbre

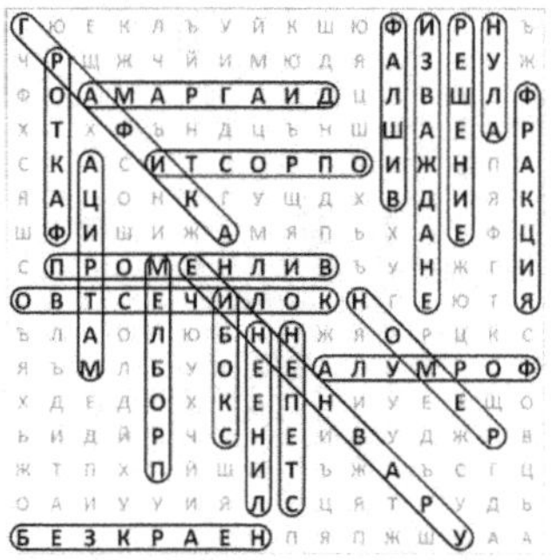

47 - Océan

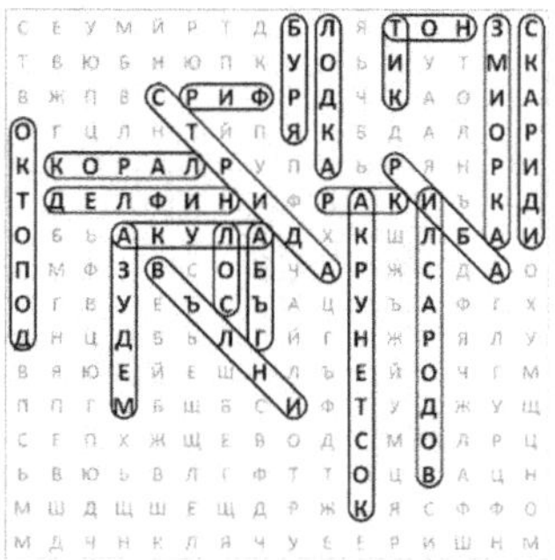

48 - Remplir

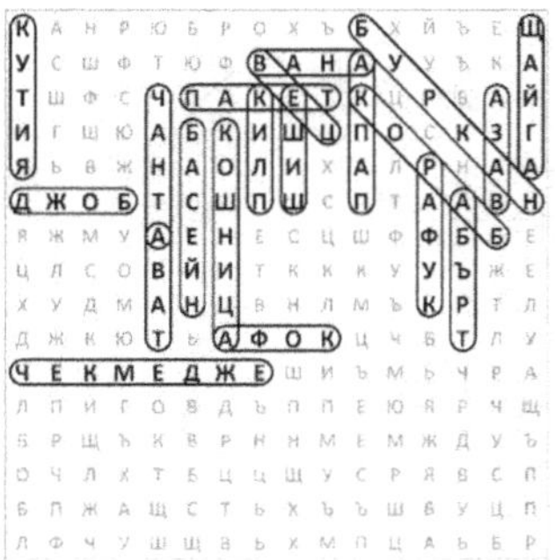

49 - Antiquités

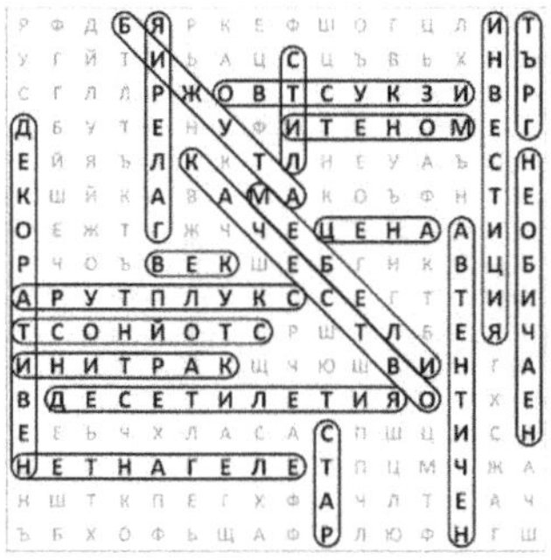

50 - Ballet

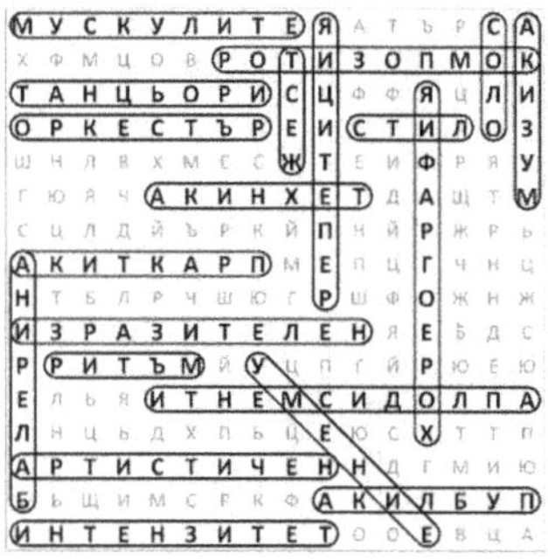

51 - Fruit

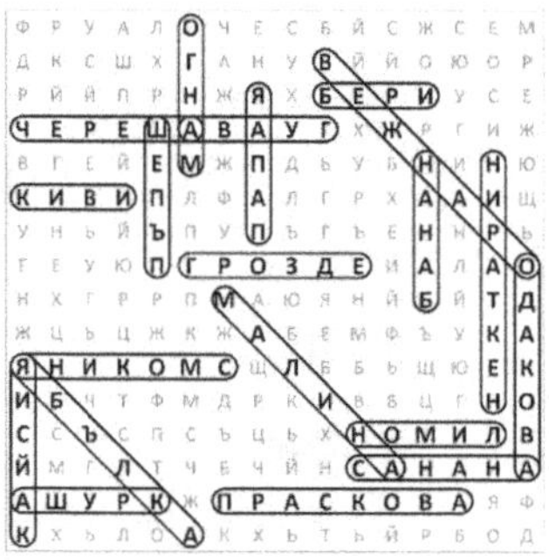

52 - Technologie

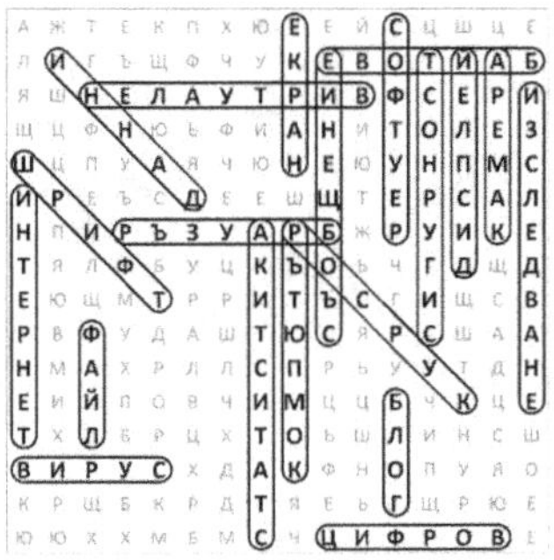

53 - Musique

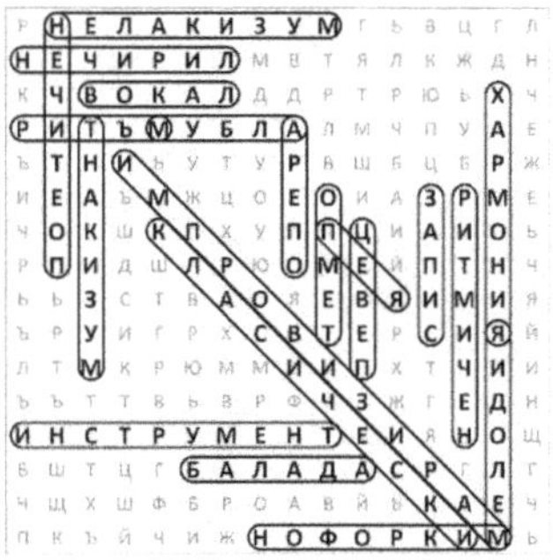

54 - Météo

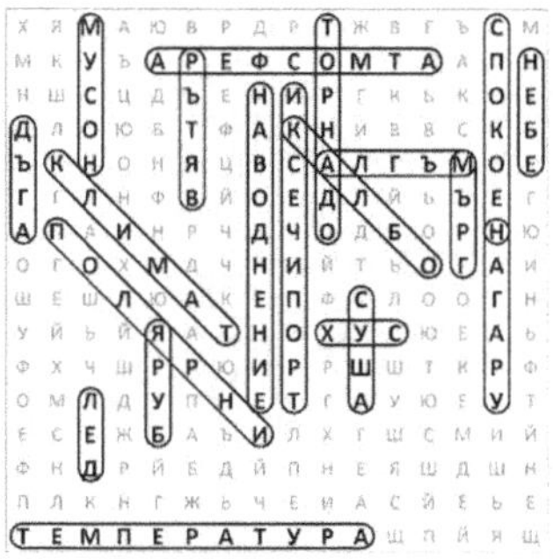

55 - L'Entreprise

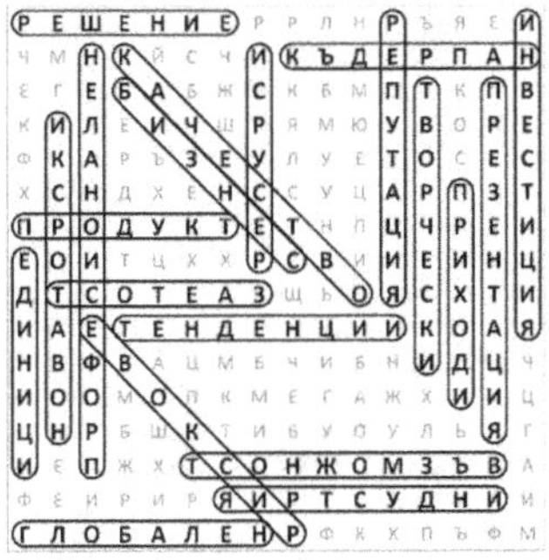

56 - Gouvernement

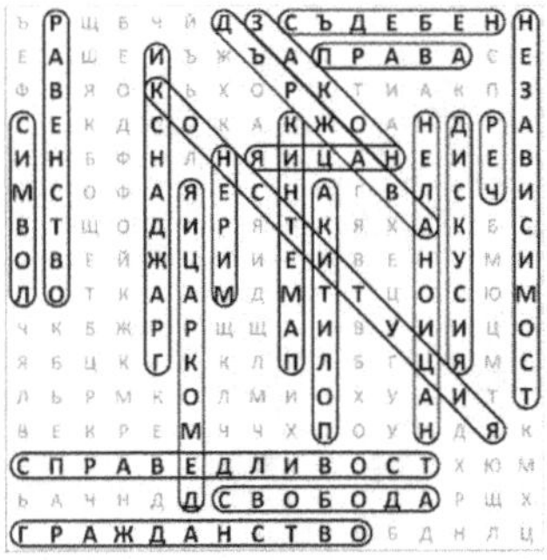

57 - Randonnée

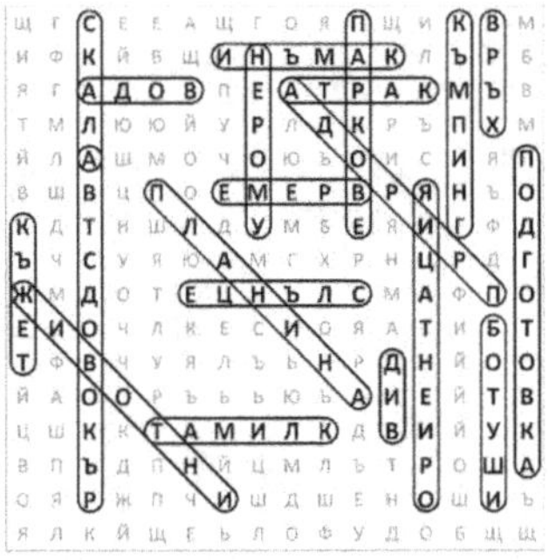

58 - Nutrition

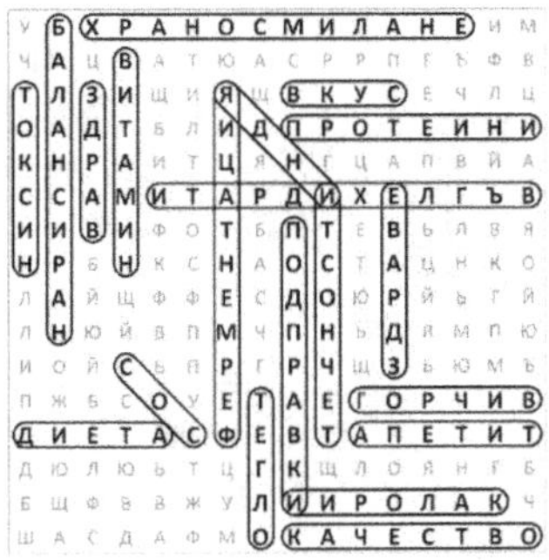

59 - Créativité

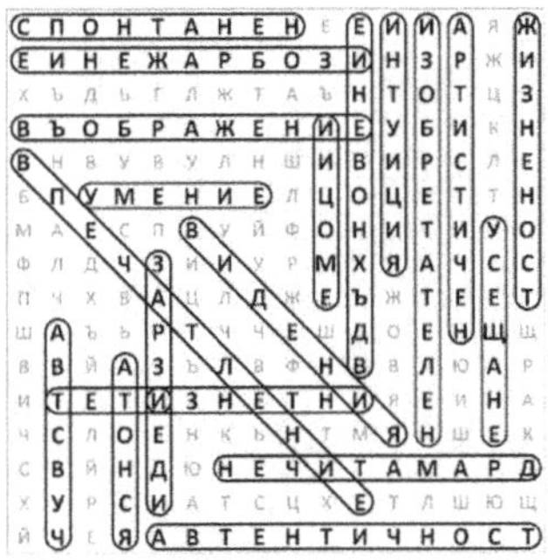

60 - Science Fiction

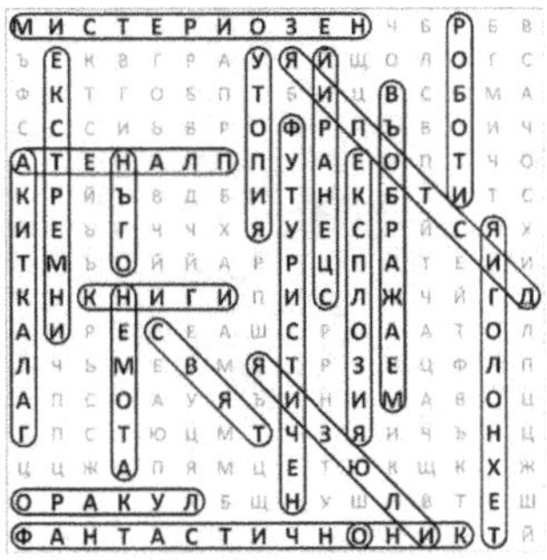

61 - Professions #1

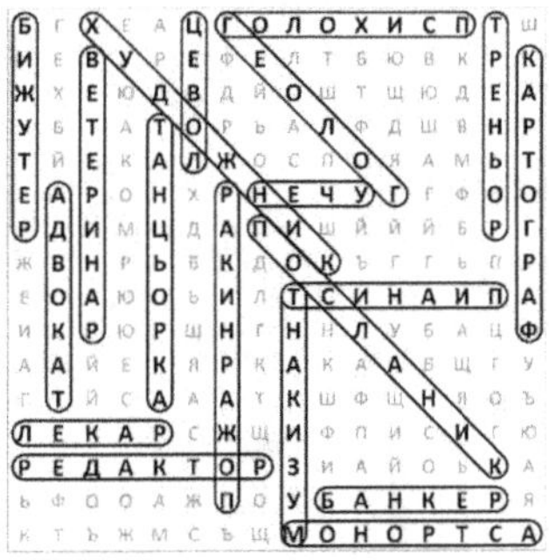

62 - Géologie

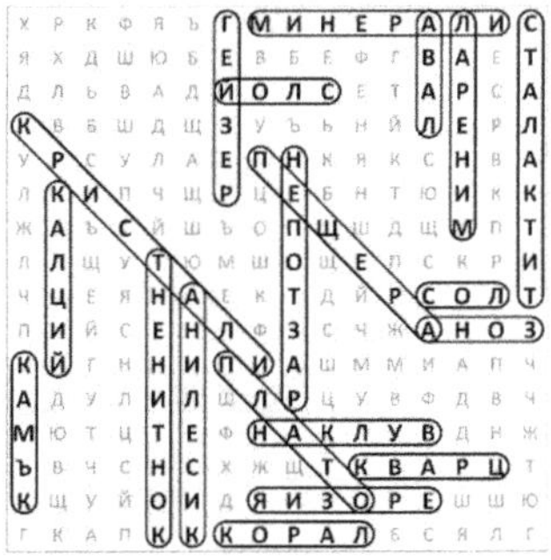

63 - Jardin

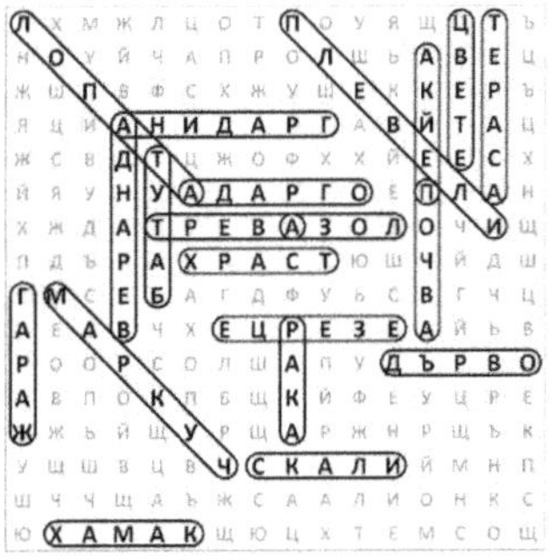

64 - Santé et Bien Être #1

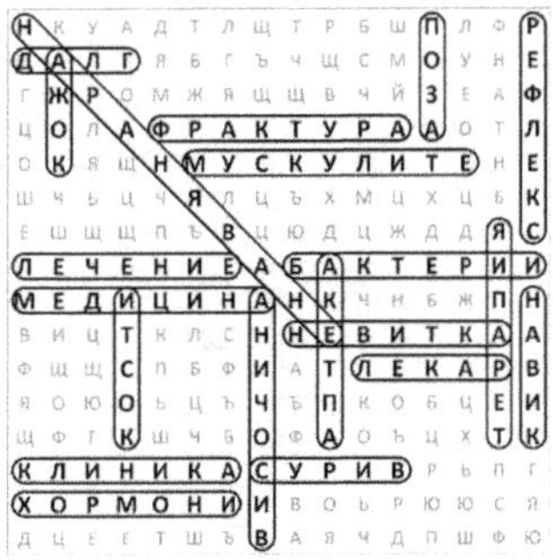

65 - Barbecues

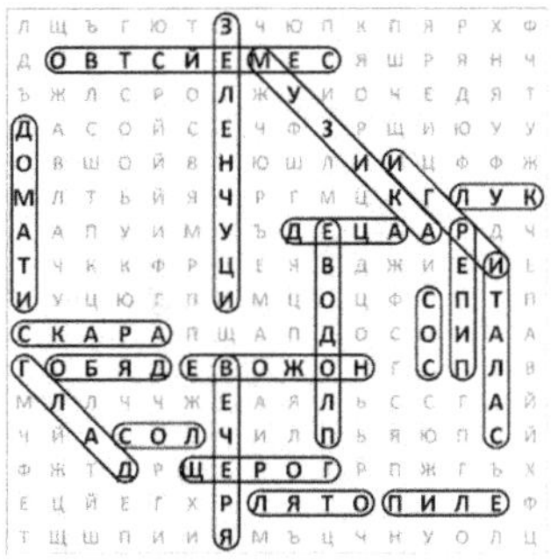

66 - Ferme #1

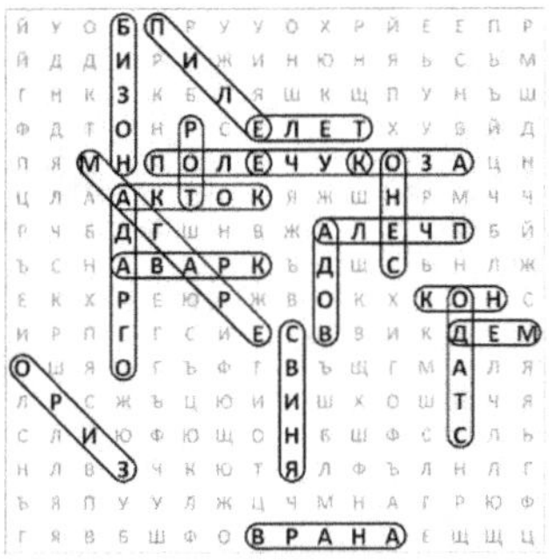

67 - Antarctique

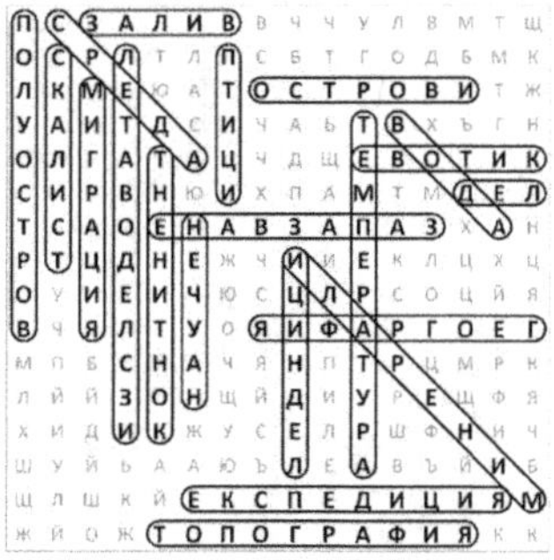

68 - Professions #2

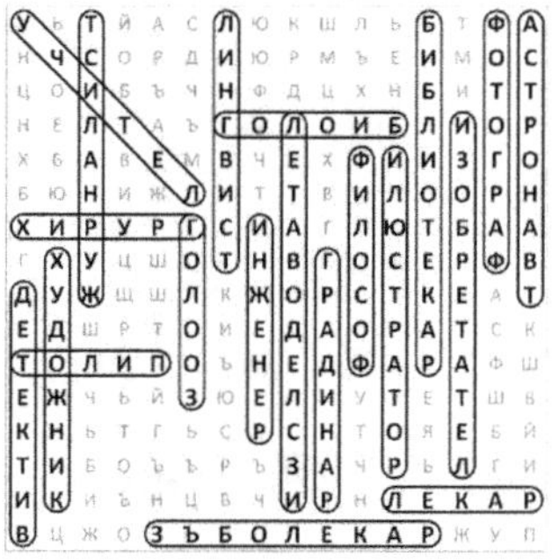

69 - Les Abeilles

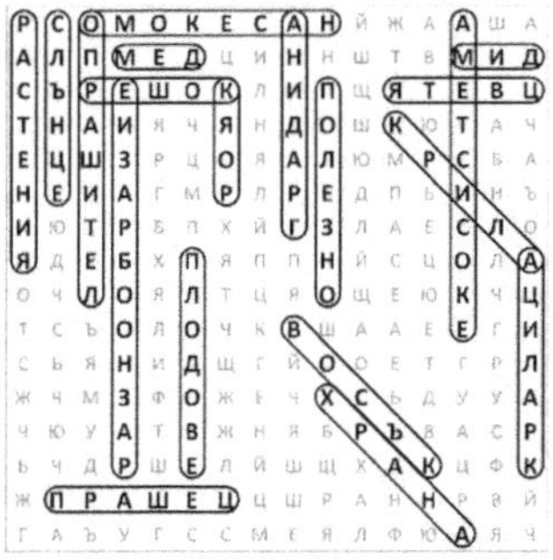

70 - Santé et Bien Être #2

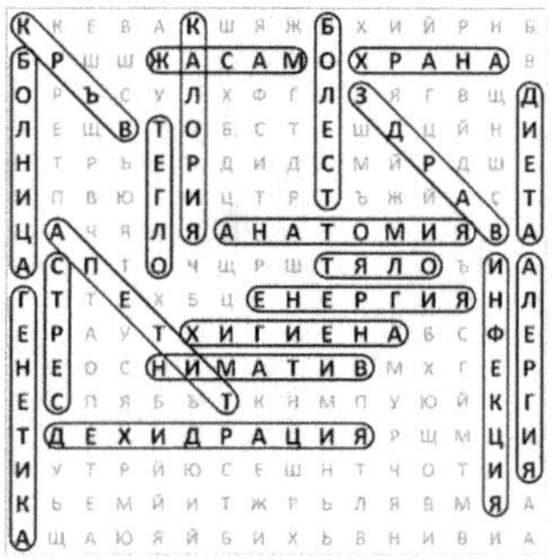

71 - Conduite

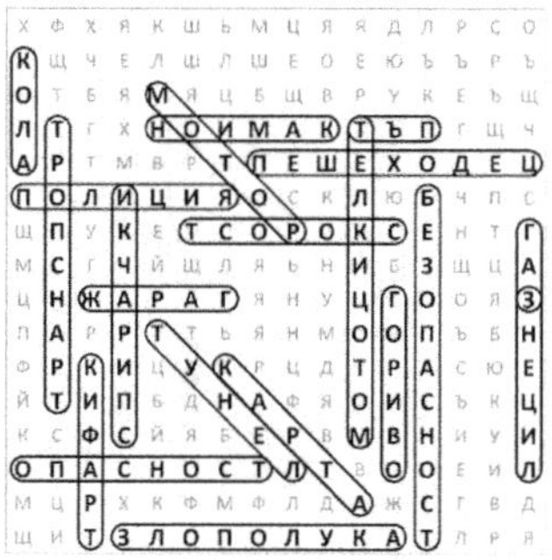

72 - Plantes

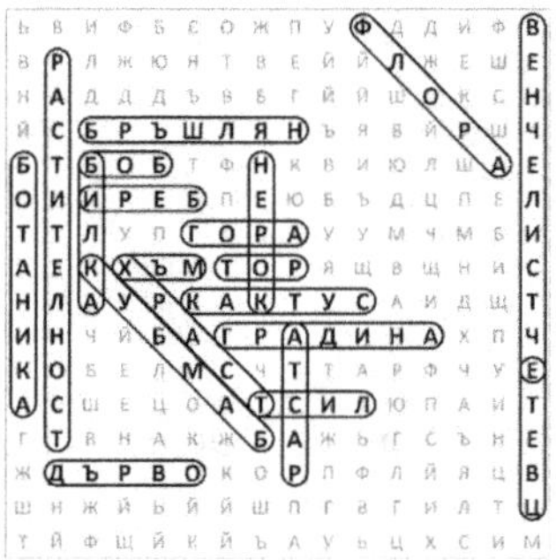

73 - Ferme #2

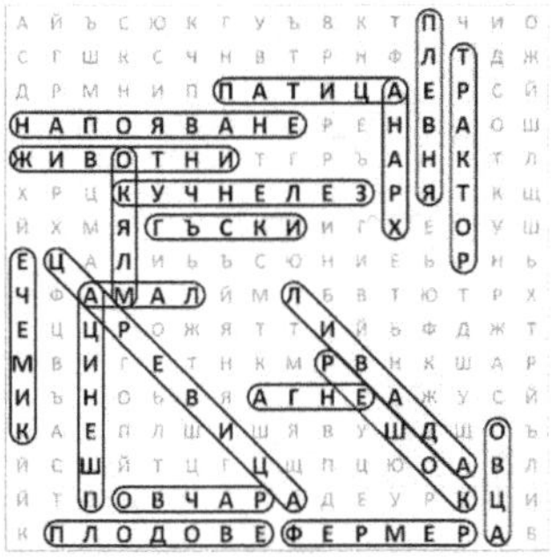

74 - Vacances #2

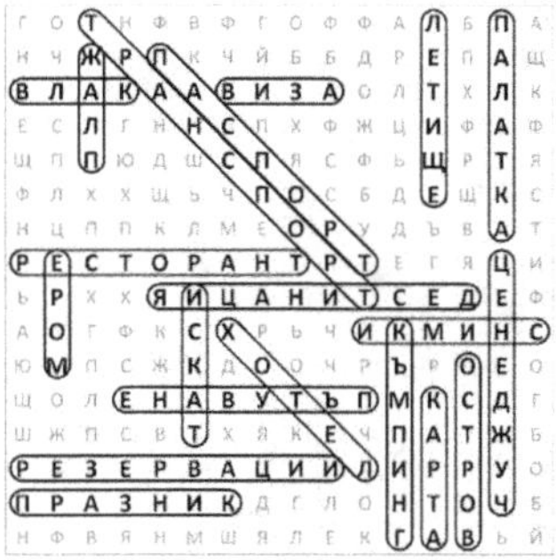

75 - Temps

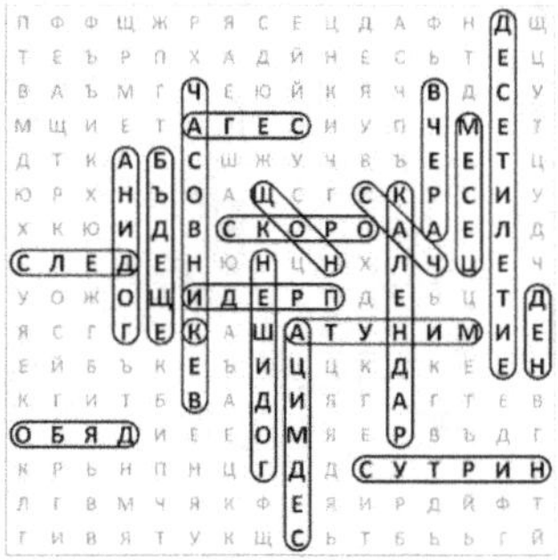

76 - Immigration

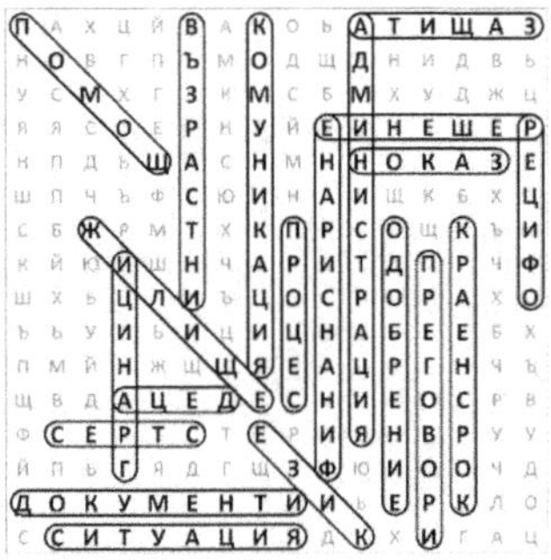

77 - Maison

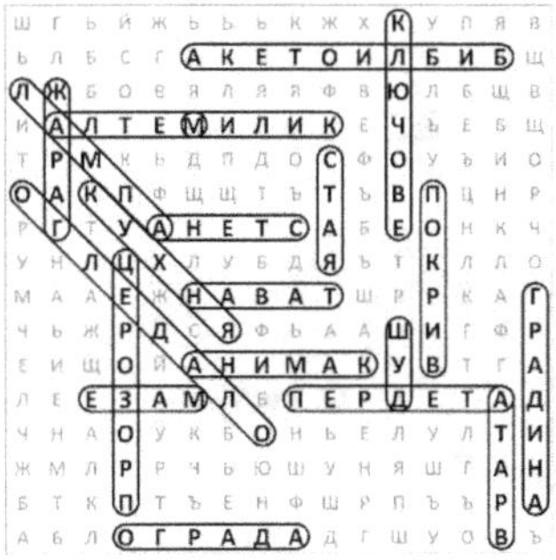

78 - Légumes

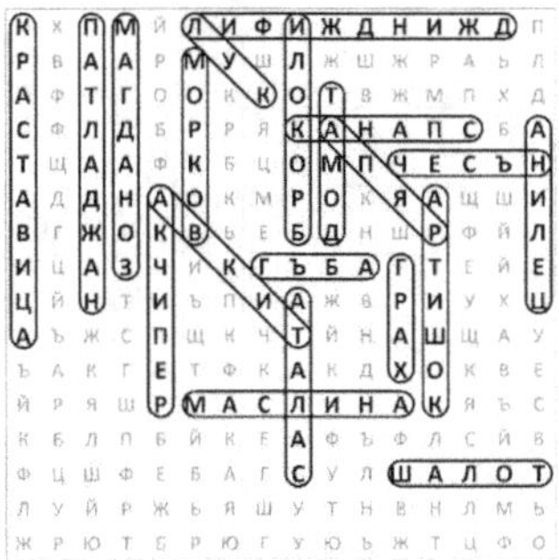

79 - Famille

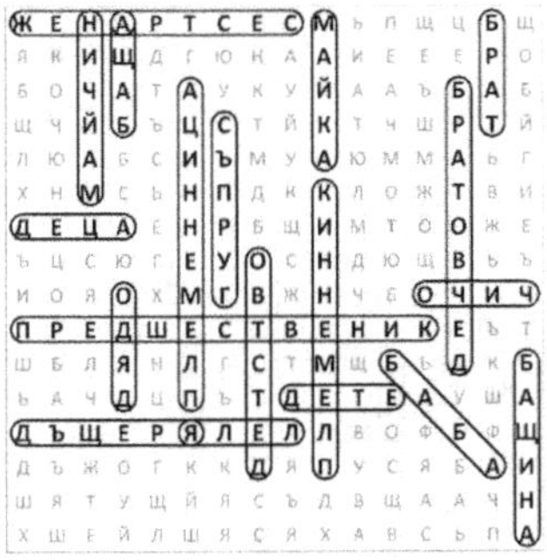

80 - Oiseaux

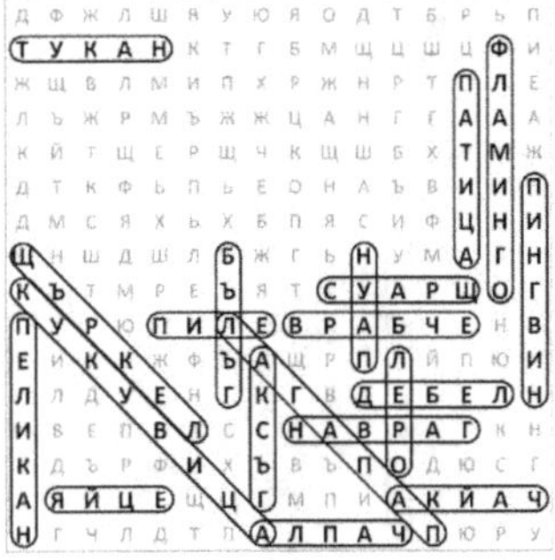

81 - Disciplines Scientifiques

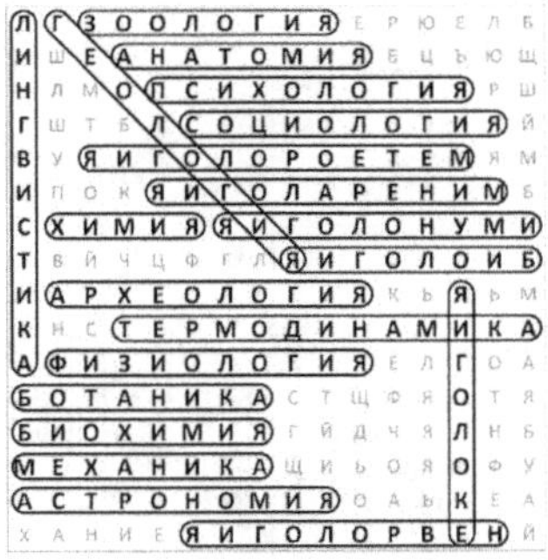

82 - Maladie

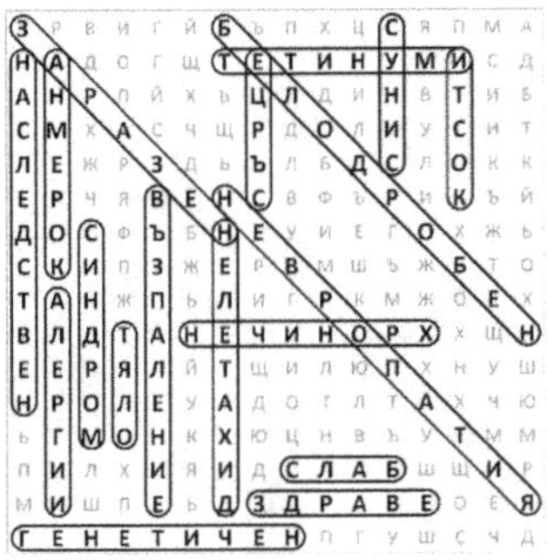

83 - Univers

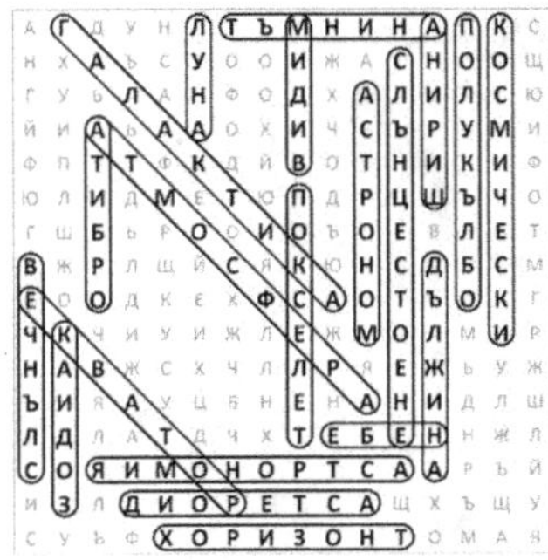

84 - Géographie

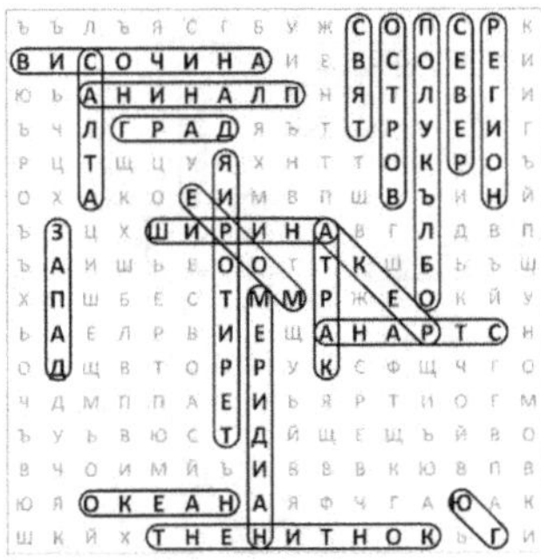

85 - Danse

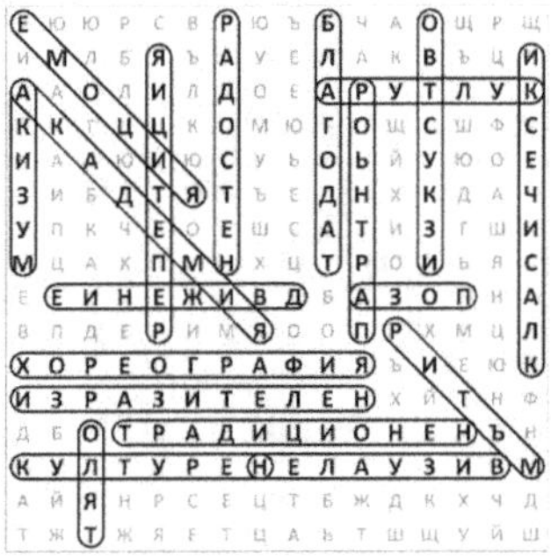

86 - Bâtiments

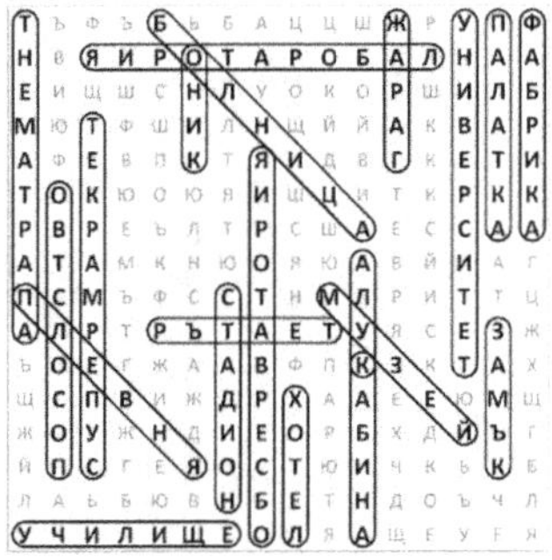

87 - Activités et Loisirs

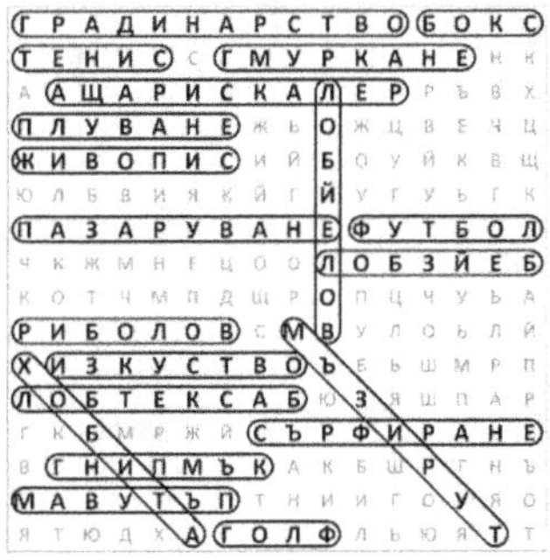

88 - Livres

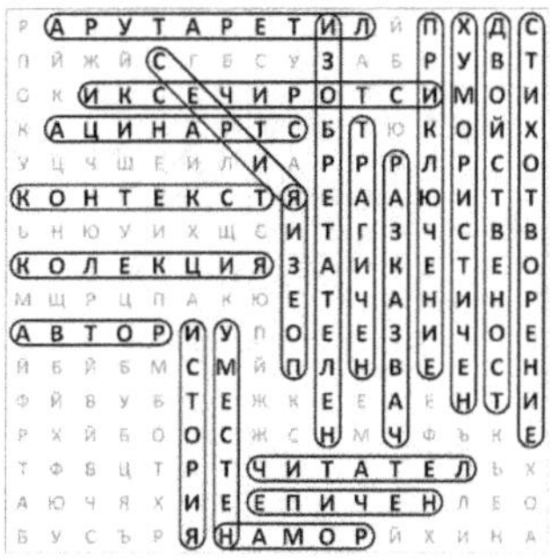

89 - Pays #2

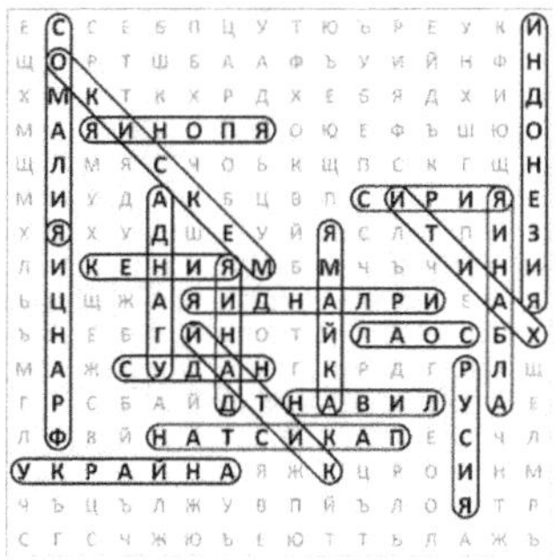

90 - Fournitures d'Art

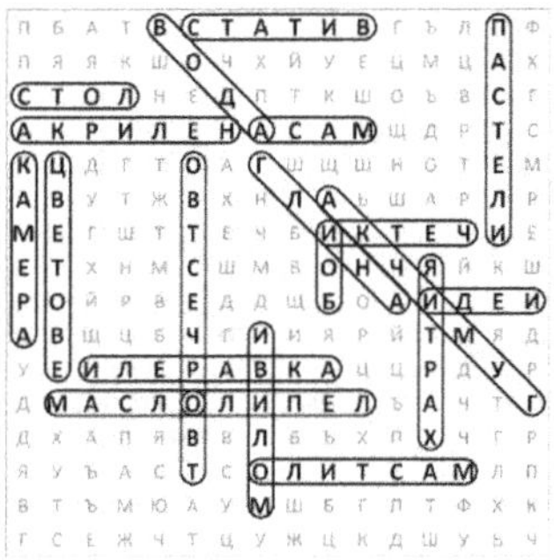

91 - Eau

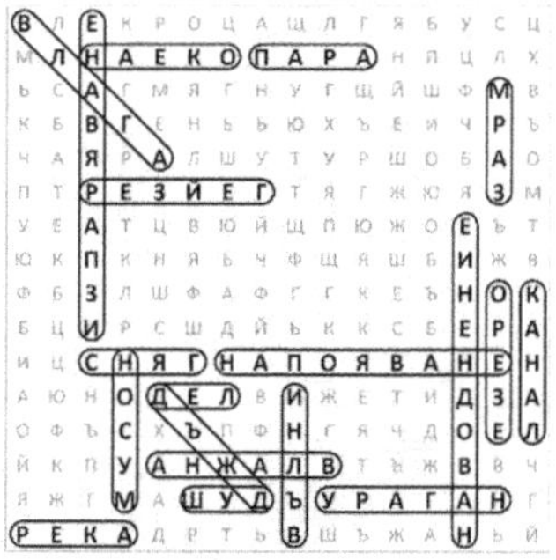

92 - Jazz

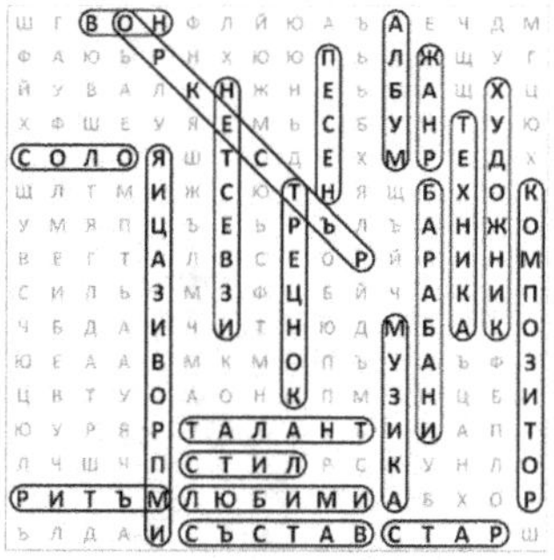

93 - Paysages

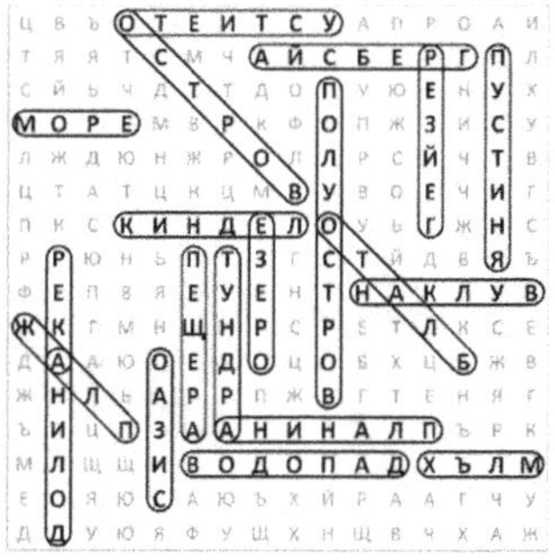

94 - Pays #1

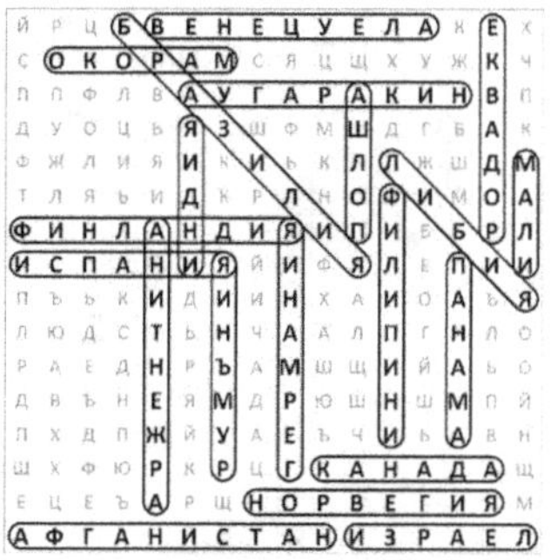

95 - Nombres

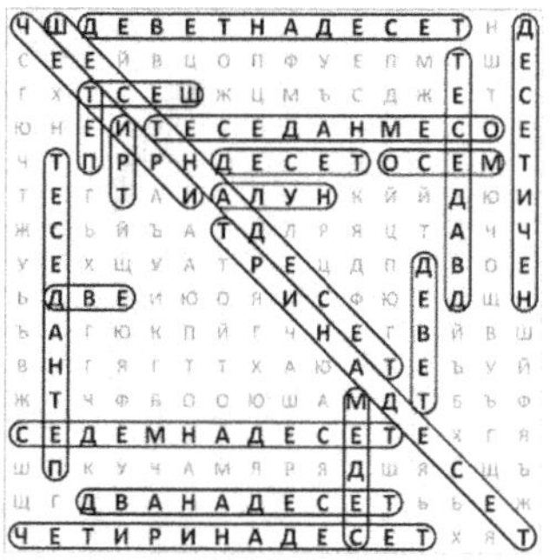

96 - Psychologie

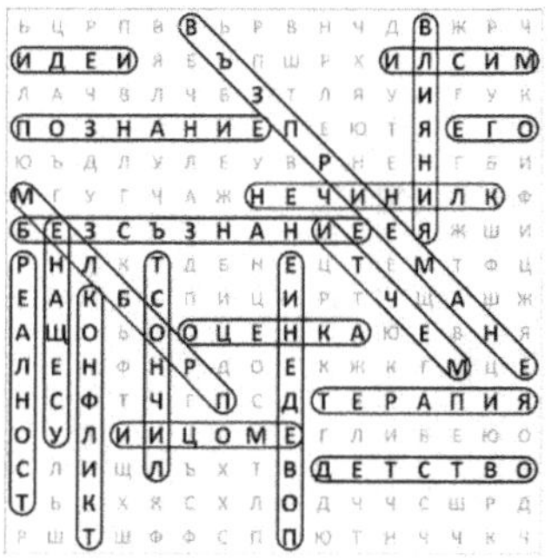

97 - Nature

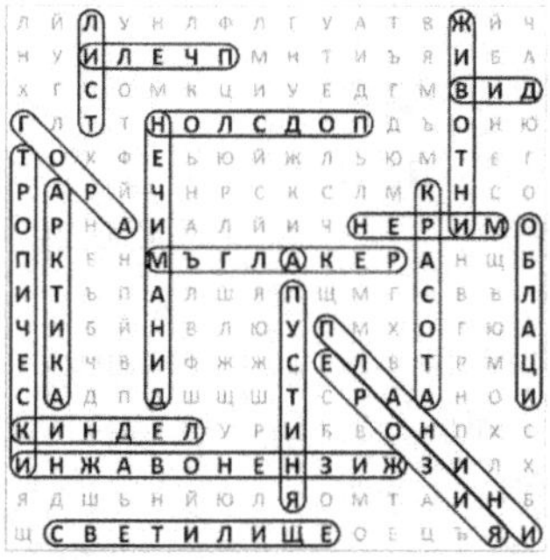

98 - Chimie

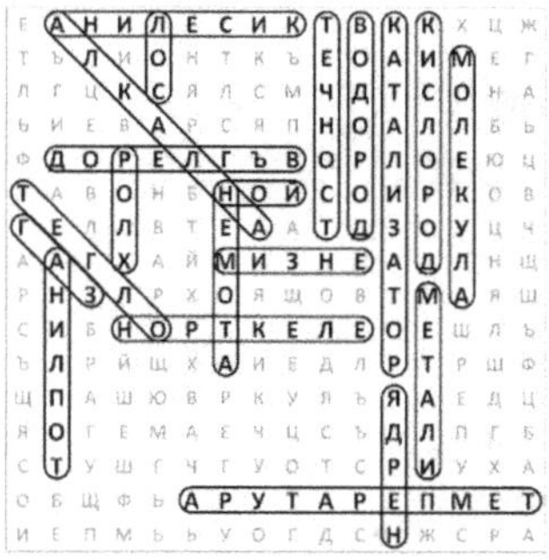

99 - Bateaux

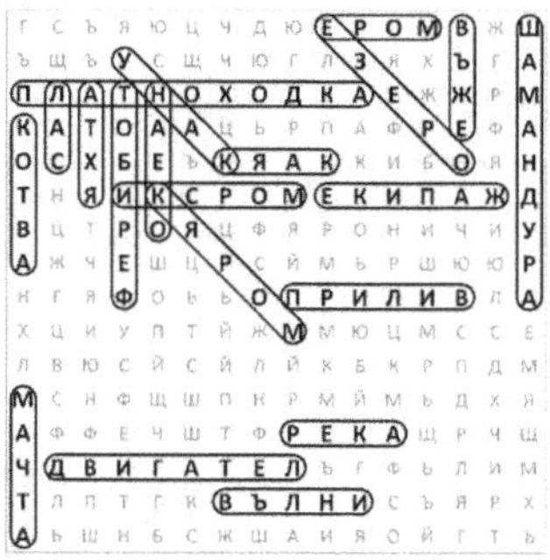

100 - Mesures

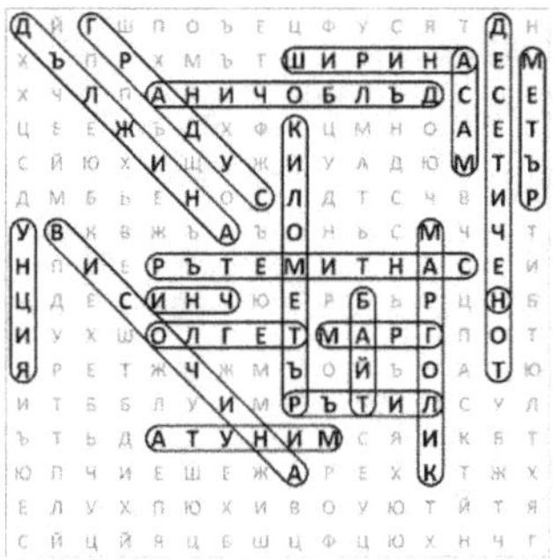

Dictionnaire

Activités
Дейности

Activité	Дейност
Art	Изкуство
Artisanat	Занаяти
Camping	Къмпинг
Céramique	Керамика
Chasse	Лов
Compétence	Умение
Couture	Шиене
Danse	Танци
Intérêts	Интереси
Jardinage	Градинарство
Jeux	Игри
Lecture	Четене
Magie	Магия
Peinture	Живопис
Pêche	Риболов
Photographie	Фотография
Plaisir	Удоволствие
Randonnée	Туризъм
Relaxation	Релаксация

Activités et Loisirs
Дейности и Свободно Време

Achats	Пазаруване
Art	Изкуство
Base-Ball	Бейзбол
Basket-Ball	Баскетбол
Boxe	Бокс
Camping	Къмпинг
Football	Футбол
Golf	Голф
Jardinage	Градинарство
Nager	Плуване
Passe-Temps	Хобита
Peinture	Живопис
Pêche	Риболов
Plongée	Гмуркане
Randonnée	Туризъм
Relaxant	Релаксираща
Surf	Сърфиране
Tennis	Тенис
Volley-Ball	Волейбол
Voyage	Пътувам

Adjectifs #1
Прилагателни #1

Absolu	Абсолютен
Actif	Активен
Ambitieux	Амбициозен
Aromatique	Ароматен
Artistique	Артистичен
Attractif	Привлекателен
Beau	Красив
Exotique	Екзотичен
Énorme	Огромен
Généreux	Щедър
Honnête	Честен
Identique	Идентичен
Important	Важно
Innocent	Невинен
Jeune	Млад
Lent	Бавен
Lourd	Тежък
Mince	Тънък
Moderne	Модерен
Parfait	Идеален

Adjectifs #2
Прилагателни #2

Authentique	Автентичен
Célèbre	Известен
Créatif	Творчески
Descriptif	Описателен
Doué	Надарен
Dramatique	Драматичен
Élégant	Елегантен
Fier	Горд
Fort	Силен
Intéressant	Интересно
Naturel	Природен
Nouveau	Нов
Productif	Продуктивни
Puissant	Мощен
Pur	Чист
Responsable	Отговорен
Sain	Здрав
Salé	Солен
Sauvage	Див
Sec	Сух

Agronomie
Агрономство

Agriculture	Земеделие
Croissance	Растеж
Eau	Вода
Engrais	Тор
Environnement	Среда
Écologie	Екология
Énergie	Енергия
Érosion	Ерозия
Étude	Уча
Graines	Семена
Identification	Идентификация
Légumes	Зеленчуци
Maladies	Заболявания
Nourriture	Храна
Pollution	Замърсяване
Production	Производство
Recherche	Изследване
Rural	Селски
Science	Наука
Systèmes	Системи

Algèbre
Алгебра

Diagramme	Диаграма
Exposant	Степен
Équation	Уравнение
Facteur	Фактор
Faux	Фалшив
Formule	Формула
Fraction	Фракция
Graphique	Графика
Infini	Безкраен
Linéaire	Линеен
Matrice	Матрица
Nombre	Номер
Parenthèse	Скоби
Problème	Проблем
Quantité	Количество
Simplifier	Опрости
Solution	Решение
Soustraction	Изваждане
Variable	Променлив
Zéro	Нула

Antarctique
Антарктида

Baie	Залив
Baleines	Китове
Chercheur	Изследовател
Conservation	Запазване
Continent	Континент
Eau	Вода
Environnement	Среда
Expédition	Експедиция
Géographie	География
Glace	Лед
Glaciers	Ледници
Îles	Острови
Migration	Миграция
Minéraux	Минерали
Oiseaux	Птици
Péninsule	Полуостров
Rocheux	Скалист
Scientifique	Научен
Température	Температура
Topographie	Топография

Antiquités
Антики

Art	Изкуство
Authentique	Автентичен
Bijoux	Бижута
Décennies	Десетилетия
Décoratif	Декоративен
Enchères	Търг
Élégant	Елегантен
Galerie	Галерия
Inhabituel	Необичаен
Investissement	Инвестиция
Meubles	Мебели
Peintures	Картини
Pièces	Монети
Prix	Цена
Qualité	Качество
Sculpture	Скулптура
Siècle	Век
Style	Стил
Valeur	Стойност
Vieux	Стар

Archéologie
Археология

Analyse	Анализ
Années	Години
Antiquité	Древност
Chercheur	Изследовател
Civilisation	Цивилизация
Descendant	Потомък
Expert	Експерт
Ère	Ера
Équipe	Отбор
Évaluation	Оценка
Fossile	Минерал
Inconnu	Неизвестен
Mystère	Мистерия
Objets	Обекти
Os	Кости
Oublié	Забравена
Professeur	Професор
Relique	Реликва
Temple	Храм
Tombe	Гроб

Arts Visuels
Визуални Изкуства

Architecture	Архитектура
Argile	Глина
Artiste	Художник
Céramique	Керамика
Chef-D'Œuvre	Шедьовър
Chevalet	Статив
Cire	Восък
Composition	Състав
Craie	Тебешир
Crayon	Молив
Créativité	Творчество
Film	Филм
Peinture	Живопис
Perspective	Перспектива
Photographie	Снимка
Pochoir	Шаблон
Portrait	Портрет
Sculpture	Скулптура
Stylo	Дръжка
Vernis	Лак

Astronomie
Астрономия

Astéroïde	Астероид
Astronaute	Астронавт
Astronome	Астроном
Ciel	Небе
Constellation	Съзвездие
Cosmos	Космос
Éclipse	Затъмнение
Équinoxe	Равноденствие
Fusée	Ракета
Galaxie	Галактика
Lune	Луна
Météore	Метеор
Nébuleuse	Мъглявина
Observatoire	Обсерватория
Planète	Планета
Radiation	Радиация
Solaire	Слънчев
Supernova	Свръхнова
Terre	Земя
Univers	Вселена

Aventure
Приключенски

Activité	Дейност
Amis	Приятели
Beauté	Красота
Chance	Шанс
Dangereux	Опасен
Destination	Дестинация
Difficulté	Трудност
Enthousiasme	Ентусиазъм
Excursion	Екскурзия
Inhabituel	Необичаен
Itinéraire	Маршрут
Joie	Радост
Nature	Природа
Navigation	Навигация
Nouveau	Нов
Opportunité	Възможност
Préparation	Подготовка
Sécurité	Безопасност
Voyages	Пътува

Avions
Самолети

Air	Въздух
Atmosphère	Атмосфера
Atterrissage	Кацане
Aventure	Приключение
Ballon	Балон
Carburant	Гориво
Ciel	Небе
Construction	Строителство
Descente	Спускане
Design	Дизайн
Direction	Посока
Équipage	Екипаж
Hauteur	Височина
Hélices	Витла
Histoire	История
Hydrogène	Водород
Moteur	Двигател
Passager	Пътник
Pilote	Пилот
Turbulence	Сътресение

Ballet
Балет

Applaudissement	Аплодисменти
Artistique	Артистичен
Ballerine	Балерина
Chorégraphie	Хореография
Compétence	Умение
Compositeur	Композитор
Danseurs	Танцьори
Expressif	Изразителен
Geste	Жест
Intensité	Интензитет
Muscles	Мускулите
Musique	Музика
Orchestre	Оркестър
Pratique	Практика
Public	Публика
Répétition	Репетиция
Rythme	Ритъм
Solo	Соло
Style	Стил
Technique	Техника

Barbecues
Барбекюта

Chaud	Горещ
Couteaux	Ножове
Déjeuner	Обяд
Dîner	Вечеря
Enfants	Деца
Été	Лято
Faim	Глад
Famille	Семейство
Fruit	Плодове
Gril	Скара
Jeux	Игри
Légumes	Зеленчуци
Musique	Музика
Oignons	Лук
Poivre	Пипер
Poulet	Пиле
Salades	Салати
Sauce	Сос
Sel	Сол
Tomates	Домати

Bateaux
Лодки

Ancre	Котва
Bouée	Шамандура
Canoë	Кану
Corde	Въже
Équipage	Екипаж
Ferry	Ферибот
Fleuve	Река
Kayak	Каяк
Lac	Езеро
Marée	Прилив
Marin	Моряк
Mât	Мачта
Mer	Море
Moteur	Двигател
Nautique	Морски
Océan	Океан
Radeau	Сал
Vagues	Вълни
Voilier	Платноходка
Yacht	Яхта

Bâtiments
Сгради

Ambassade	Посолство
Appartement	Апартамент
Cabine	Кабина
Château	Замък
Cinéma	Кино
École	Училище
Garage	Гараж
Grange	Плевня
Hôpital	Болница
Hôtel	Хотел
Laboratoire	Лаборатория
Musée	Музей
Observatoire	Обсерватория
Stade	Стадион
Supermarché	Супермаркет
Tente	Палатка
Théâtre	Театър
Tour	Кула
Université	Университет
Usine	Фабрика

Beauté
Красота

Boucles	Къдрици
Charme	Чар
Ciseaux	Ножица
Cosmétique	Козметика
Couleur	Цвят
Élégance	Елегантност
Élégant	Елегантен
Grâce	Благодат
Huiles	Масла
Lisse	Гладка
Maquillage	Грим
Mascara	Спирала
Miroir	Огледало
Parfum	Аромат
Peau	Кожа
Photogénique	Фотогеничен
Rouge à Lèvres	Червило
Services	Услуги
Shampooing	Шампоан
Styliste	Стилист

Biologie
Биология

Anatomie	Анатомия
Bactéries	Бактерии
Cellule	Клетка
Chromosome	Хромозома
Collagène	Колаген
Embryon	Ембрион
Enzyme	Ензим
Évolution	Еволюция
Hormone	Хормон
Mammifère	Бозайник
Mutation	Мутация
Naturel	Природен
Nerf	Нерв
Neurone	Неврон
Osmose	Осмоза
Photosynthèse	Фотосинтеза
Protéine	Протеин
Reptile	Влечуго
Symbiose	Симбиоза
Synapse	Синапс

Camping
Къмпинг

Animaux	Животни
Aventure	Приключение
Boussole	Компас
Cabine	Кабина
Canoë	Кану
Carte	Карта
Chapeau	Шапка
Chasse	Лов
Corde	Въже
Équipement	Оборудване
Feu	Огън
Forêt	Гора
Hamac	Хамак
Insecte	Насекомо
Lac	Езеро
Lanterne	Фенер
Lune	Луна
Montagne	Планина
Nature	Природа
Tente	Палатка

Chimie
Химия

Acide	Киселина
Alcalin	Алкална
Atomique	Атомен
Carbone	Въглерод
Catalyseur	Катализатор
Chaleur	Топлина
Chlore	Хлор
Enzyme	Ензим
Électron	Електрон
Gaz	Газ
Hydrogène	Водород
Ion	Йон
Liquide	Течност
Métaux	Метали
Molécule	Молекула
Nucléaire	Ядрен
Oxygène	Кислород
Poids	Тегло
Sel	Сол
Température	Температура

Chocolat
Шоколад

Amer	Горчив
Antioxydant	Антиоксидант
Arôme	Аромат
Artisanal	Занаятчийски
Bonbon	Бонбон
Cacahuètes	Фъстъци
Cacao	Какао
Calories	Калории
Caramel	Карамел
Délicieux	Вкусен
Doux	Сладък
Exotique	Екзотичен
Favori	Любим
Goût	Вкус
Ingrédient	Съставка
Noix de Coco	Кокосов Орех
Poudre	Прах
Qualité	Качество
Recette	Рецепта
Sucre	Захар

Conduite
Шофиране

Accident	Злополука
Camion	Камион
Carburant	Гориво
Carte	Карта
Danger	Опасност
Freins	Спирачки
Garage	Гараж
Gaz	Газ
Licence	Лиценз
Moteur	Мотор
Moto	Мотоциклет
Piéton	Пешеходец
Police	Полиция
Route	Път
Sécurité	Безопасност
Trafic	Трафик
Transport	Транспорт
Tunnel	Тунел
Vitesse	Скорост
Voiture	Кола

Corps Humain
Човешкото Тяло

Bouche	Уста
Cerveau	Мозък
Cheville	Глезен
Cou	Врата
Coude	Лакът
Cœur	Сърце
Doigt	Пръст
Estomac	Стомах
Épaule	Рамо
Genou	Коляно
Lèvres	Устни
Main	Ръка
Mâchoire	Челюст
Menton	Брадичка
Nez	Нос
Oreille	Ухо
Peau	Кожа
Sang	Кръв
Tête	Глава
Visage	Лице

Créativité
Творчество

Artistique	Артистичен
Authenticité	Автентичност
Clarté	Яснота
Compétence	Умение
Dramatique	Драматичен
Expression	Израз
Émotions	Емоции
Idées	Идеи
Image	Изображение
Imagination	Въображение
Impression	Впечатление
Inspiration	Вдъхновение
Intensité	Интензитет
Intuition	Интуиция
Inventif	Изобретателен
Sensation	Усещане
Sentiments	Чувства
Spontané	Спонтанен
Visions	Видения
Vitalité	Жизненост

Cuisine
Кухня

Baguettes	Пръчици
Bol	Купа
Bouilloire	Чайник
Congélateur	Фризер
Couteaux	Ножове
Cruche	Кана
Cuillères	Лъжици
Épices	Подправки
Éponge	Гъба
Four	Фурна
Fourchettes	Вилици
Gril	Скара
Louche	Черпак
Nourriture	Храна
Pot	Буркан
Recette	Рецепта
Réfrigérateur	Хладилник
Serviette	Салфетка
Tablier	Престилка
Tasses	Чаши

Danse
Танцувай

Académie	Академия
Art	Изкуство
Chorégraphie	Хореография
Classique	Класически
Corps	Тяло
Culture	Култура
Culturel	Културен
Expressif	Изразителен
Émotion	Емоция
Grâce	Благодат
Joyeux	Радостен
Mouvement	Движение
Musique	Музика
Partenaire	Партньор
Posture	Поза
Répétition	Репетиция
Rythme	Ритъм
Traditionnel	Традиционен
Visuel	Визуален

Diplomatie
Дипломация

Ambassade	Посолство
Ambassadeur	Посланик
Campagnes	Кампании
Citoyens	Граждани
Civique	Граждански
Communauté	Общност
Conflit	Конфликт
Conseiller	Съветник
Discussion	Дискусия
Éthique	Етика
Étranger	Чуждестранен
Gouvernement	Правителство
Humanitaire	Хуманитарен
Intégrité	Цялост
Justice	Справедливост
Politique	Политика
Résolution	Резолюция
Sécurité	Сигурност
Solution	Решение
Traité	Договор

Disciplines Scientifiques
Научни Дисциплини

Anatomie	Анатомия
Archéologie	Археология
Astronomie	Астрономия
Biochimie	Биохимия
Biologie	Биология
Botanique	Ботаника
Chimie	Химия
Écologie	Екология
Géologie	Геология
Immunologie	Имунология
Linguistique	Лингвистика
Mécanique	Механика
Météorologie	Метеорология
Minéralogie	Минералогия
Neurologie	Неврология
Physiologie	Физиология
Psychologie	Психология
Sociologie	Социология
Thermodynamique	Термодинамика
Zoologie	Зоология

Eau
Вода

Canal	Канал
Douche	Душ
Évaporation	Изпаряване
Fleuve	Река
Gel	Мраз
Geyser	Гейзер
Glace	Лед
Humide	Влажна
Humidité	Влага
Inondation	Наводнение
Irrigation	Напояване
Lac	Езеро
Mousson	Мусон
Neige	Сняг
Océan	Океан
Ouragan	Ураган
Pluie	Дъжд
Vagues	Вълни
Vapeur	Пара

Entreprise
Бизнес

Argent	Пари
Boutique	Магазин
Budget	Бюджет
Bureau	Офис
Carrière	Кариера
Coût	Цена
Devise	Валута
Employeur	Работодател
Employé	Служител
Entreprise	Фирма
Économie	Икономика
Finance	Финанси
Impôts	Данъци
Investissement	Инвестиция
Marchandise	Стоки
Profit	Печалба
Revenu	Доход
Transaction	Транзакция
Usine	Фабрика
Vente	Продажба

Écologie
Екология

Bénévoles	Доброволци
Climat	Климат
Communautés	Общности
Diversité	Разнообразие
Durable	Устойчив
Espèce	Вид
Faune	Фауна
Flore	Флора
Global	Глобален
Marais	Блато
Marin	Морски
Montagnes	Планини
Nature	Природа
Naturel	Природен
Plantes	Растения
Ressources	Ресурси
Sécheresse	Суша
Survie	Оцеляване
Variété	Сорт
Végétation	Растителност

Électricité
Електричество

Aimant	Магнит
Ampoule	Крушка
Batterie	Батерия
Câble	Кабел
Électricien	Електротехник
Électrique	Електрически
Équipement	Оборудване
Générateur	Генератор
Lampe	Лампа
Laser	Лазер
Négatif	Отрицателен
Objets	Обекти
Positif	Положителен
Prise	Гнездо
Quantité	Количество
Réseau	Мрежа
Stockage	Съхранение
Téléphone	Телефон
Télévision	Телевизия

Énergie
Енергия

Batterie	Батерия
Carbone	Въглерод
Carburant	Гориво
Chaleur	Топлина
Diesel	Дизел
Entropie	Ентропия
Environnement	Среда
Essence	Бензин
Électrique	Електрически
Électron	Електрон
Hydrogène	Водород
Industrie	Индустрия
Moteur	Двигател
Nucléaire	Ядрен
Photon	Фотон
Pollution	Замърсяване
Renouvelable	Възобновяем
Soleil	Слънце
Turbine	Турбина
Vent	Вятър

Épices
Подправки

Aigre	Кисел
Ail	Чесън
Amer	Горчив
Anis	Анасон
Cannelle	Канела
Cardamome	Кардамон
Coriandre	Кориандър
Cumin	Кимион
Curcuma	Куркума
Curry	Къри
Fenouil	Копър
Gingembre	Джинджифил
Oignon	Лук
Paprika	Червен Пипер
Poivre	Пипер
Réglisse	Женско Биле
Safran	Шафран
Saveur	Вкус
Sel	Сол
Vanille	Ванилия

Famille
Семейство

Ancêtre	Предшественик
Cousin	Братовчед
Enfance	Детство
Enfant	Дете
Enfants	Деца
Femme	Жена
Fille	Дъщеря
Frère	Брат
Grand-Mère	Баба
Grand-Père	Дядо
Mari	Съпруг
Maternel	Майчин
Mère	Майка
Neveu	Племенник
Nièce	Племенница
Oncle	Чичо
Paternel	Бащина
Père	Баща
Soeur	Сестра
Tante	Леля

Ferme #1
Ферма #1

Abeille	Пчела
Âne	Магаре
Bison	Бизон
Champ	Поле
Chat	Котка
Cheval	Кон
Chèvre	Коза
Chien	Куче
Clôture	Ограда
Cochon	Свиня
Corbeau	Врана
Eau	Вода
Engrais	Тор
Foin	Сено
Miel	Мед
Poulet	Пиле
Riz	Ориз
Troupeau	Стадо
Vache	Крава
Veau	Теле

Ferme #2
Ферма #2

Agneau	Агне
Agriculteur	Фермер
Animaux	Животни
Berger	Овчар
Blé	Пшеница
Canard	Патица
Fruit	Плодове
Grange	Плевня
Irrigation	Напояване
Lait	Мляко
Lama	Лама
Légume	Зеленчук
Maïs	Царевица
Mouton	Овца
Nourriture	Храна
Oies	Гъски
Orge	Ечемик
Pré	Ливада
Ruche	Кошер
Tracteur	Трактор

Fleurs
Цветя

Bouquet	Букет
Gardénia	Гардения
Hibiscus	Хибискус
Jasmin	Жасмин
Jonquille	Нарцис
Lavande	Лавандула
Lilas	Люляк
Lys	Лилия
Magnolia	Магнолия
Marguerite	Маргаритка
Orchidée	Орхидея
Pavot	Мак
Pétale	Венчелистче
Pissenlit	Глухарче
Pivoine	Божур
Rose	Роза
Tournesol	Слънчоглед
Trèfle	Детелина
Tulipe	Лале

Force et Gravité
Сила и Гравитация

Axe	Ос
Centre	Център
Découverte	Откритие
Distance	Разстояние
Dynamique	Динамичен
Expansion	Разширяване
Friction	Триене
Impact	Въздействие
Magnétisme	Магнетизъм
Mécanique	Механика
Mouvement	Движение
Orbite	Орбита
Physique	Физика
Planètes	Планети
Poids	Тегло
Pression	Налягане
Propriétés	Имоти
Temps	Час
Universel	Универсален
Vitesse	Скорост

Formes
Форми

Arc	Дъга
Bords	Ръбове
Carré	Квадрат
Cercle	Кръг
Coin	Ъгъл
Courbe	Крива
Cône	Конус
Côté	Страна
Cube	Куб
Cylindre	Цилиндър
Ellipse	Елипса
Hyperbole	Хипербола
Ligne	Линия
Ovale	Овал
Polygone	Полигон
Prisme	Призма
Pyramide	Пирамида
Rectangle	Правоъгълник
Sphère	Сфера
Triangle	Триъгълник

Fournitures d'Art
Арт Консумативи

Acrylique	Акрилен
Aquarelles	Акварели
Argile	Глина
Brosses	Четки
Caméra	Камера
Chaise	Стол
Chevalet	Статив
Colle	Лепило
Couleurs	Цветове
Crayons	Моливи
Créativité	Творчество
Eau	Вода
Encre	Мастило
Gomme	Гумичка
Huile	Масло
Idées	Идеи
Papier	Хартия
Pastels	Пастели
Peinture	Бои
Table	Маса

Fruit
Плодове

Abricot	Кайсия
Ananas	Ананас
Avocat	Авокадо
Baie	Бери
Banane	Банан
Cerise	Череша
Citron	Лимон
Figue	Смокиня
Framboise	Малина
Goyave	Гуава
Kiwi	Киви
Mangue	Манго
Melon	Пъпеш
Nectarine	Нектарин
Orange	Оранжев
Papaye	Папая
Pêche	Праскова
Poire	Круша
Pomme	Ябълка
Raisin	Грозде

Géographie
География

Altitude	Височина
Atlas	Атлас
Carte	Карта
Continent	Континент
Fleuve	Река
Hémisphère	Полукълбо
Île	Остров
Latitude	Ширина
Mer	Море
Méridien	Меридиан
Monde	Свят
Montagne	Планина
Nord	Север
Océan	Океан
Ouest	Запад
Pays	Страна
Région	Регион
Sud	Юг
Territoire	Територия
Ville	Град

Géologie
Геология

Acide	Киселина
Calcium	Калций
Caverne	Пещера
Continent	Континент
Corail	Корал
Couche	Слой
Cristaux	Кристали
Érosion	Ерозия
Fondu	Разтопен
Fossile	Минерал
Geyser	Гейзер
Lave	Лава
Minéraux	Минерали
Pierre	Камък
Plateau	Плато
Quartz	Кварц
Sel	Сол
Stalactite	Сталактит
Volcan	Вулкан
Zone	Зона

Géométrie
Геометрия

Angle	Ъгъл
Calcul	Изчисление
Cercle	Кръг
Courbe	Крива
Diamètre	Диаметър
Dimension	Измерение
Équation	Уравнение
Hauteur	Височина
Logique	Логика
Masse	Маса
Médian	Медиана
Nombre	Номер
Parallèle	Прилика
Proportion	Пропорция
Segment	Сегмент
Surface	Повърхност
Symétrie	Симетрия
Théorie	Теория
Triangle	Триъгълник
Vertical	Вертикален

Gouvernement
Правителството

Citoyenneté	Гражданство
Civil	Граждански
Constitution	Конституция
Démocratie	Демокрация
Discours	Реч
Discussion	Дискусия
Droits	Права
Égalité	Равенство
État	Държава
Indépendance	Независимост
Judiciaire	Съдебен
Justice	Справедливост
Liberté	Свобода
Loi	Закон
Monument	Паметник
Nation	Нация
National	Национален
Paisible	Мирен
Politique	Политика
Symbole	Символ

Herboristerie
Билбализъм

Ail	Чесън
Aromatique	Ароматен
Basilic	Босилек
Bénéfique	Полезно
Culinaire	Кулинарен
Estragon	Естрагон
Fenouil	Копър
Fleur	Цвете
Ingrédient	Съставка
Jardin	Градина
Lavande	Лавандула
Marjolaine	Риган
Menthe	Мента
Persil	Магданоз
Qualité	Качество
Romarin	Розмарин
Safran	Шафран
Saveur	Вкус
Thym	Мащерка
Vert	Зелен

Immigration
Имиграция

Administration	Администрация
Adultes	Възрастни
Aide	Помощ
Approbation	Одобрение
Communication	Комуникация
Date Limite	Краен Срок
Documents	Документи
Enfants	Деца
Financement	Финансиране
Frontières	Граници
Langue	Език
Logement	Жилище
Loi	Закон
Négociation	Преговори
Officier	Офицер
Processus	Процес
Protection	Защита
Situation	Ситуация
Solution	Решение
Stress	Стрес

Ingénierie
Инженерно Изкуство

Angle	Ъгъл
Axe	Ос
Calcul	Изчисление
Construction	Строителство
Diagramme	Диаграма
Diamètre	Диаметър
Diesel	Дизел
Distribution	Разпределение
Énergie	Енергия
Force	Сила
Leviers	Лостове
Liquide	Течност
Machine	Машина
Mesure	Измерване
Moteur	Двигател
Profondeur	Дълбочина
Propulsion	Задвижване
Rotation	Въртене
Stabilité	Стабилност
Structure	Структура

Instruments de Musique
Музикални Инструменти

Banjo	Банджо
Basson	Фагот
Clarinette	Кларинет
Flûte	Флейта
Gong	Гонг
Guitare	Китара
Harmonica	Хармоника
Harpe	Арфа
Hautbois	Обой
Mandoline	Мандолина
Marimba	Маримба
Percussion	Ударни
Piano	Пиано
Saxophone	Саксофон
Tambour	Барабан
Tambourin	Дайре
Trombone	Тромбон
Trompette	Тромпет
Violon	Цигулка
Violoncelle	Виолончело

Jardin
Градина

Arbre	Дърво
Banc	Пейка
Buisson	Храст
Clôture	Ограда
Étang	Езерце
Fleur	Цвете
Garage	Гараж
Hamac	Хамак
Herbe	Трева
Jardin	Градина
Mauvaises Herbes	Плевели
Pelle	Лопата
Porche	Веранда
Râteau	Рака
Roches	Скали
Sol	Почва
Terrasse	Тераса
Trampoline	Батут
Tuyau	Маркуч
Vigne	Лоза

Jazz
Джаз

Album	Албум
Artiste	Художник
Célèbre	Известен
Chanson	Песен
Compositeur	Композитор
Composition	Състав
Concert	Концерт
Favoris	Любими
Genre	Жанр
Improvisation	Импровизация
Musique	Музика
Nouveau	Нов
Orchestre	Оркестър
Rythme	Ритъм
Solo	Соло
Style	Стил
Talent	Талант
Tambours	Барабани
Technique	Техника
Vieux	Стар

Jours et Mois
Дни и Месеци

Août	Август
Avril	Април
Calendrier	Календар
Dimanche	Неделя
Février	Февруари
Janvier	Януари
Jeudi	Четвъртък
Juillet	Юли
Juin	Юни
Lundi	Понеделник
Mardi	Вторник
Mars	Март
Mercredi	Сряда
Mois	Месец
Novembre	Ноември
Octobre	Октомври
Samedi	Събота
Semaine	Седмица
Septembre	Септември
Vendredi	Петък

L'Entreprise
Фирмата

Affaires	Бизнес
Créatif	Творчески
Décision	Решение
Emploi	Заетост
Global	Глобален
Industrie	Индустрия
Innovant	Новаторски
Investissement	Инвестиция
Possibilité	Възможност
Présentation	Презентация
Produit	Продукт
Professionnel	Професионален
Progrès	Напредък
Qualité	Качество
Ressources	Ресурси
Revenu	Приходи
Réputation	Репутация
Risques	Рискове
Tendances	Тенденции
Unités	Единици

Les Abeilles
Пчелите

Ailes	Крила
Bénéfique	Полезно
Cire	Восък
Diversité	Разнообразие
Essaim	Рояк
Écosystème	Екосистема
Fleurs	Цветя
Fruit	Плодове
Fumée	Дим
Insecte	Насекомо
Jardin	Градина
Miel	Мед
Nourriture	Храна
Plantes	Растения
Pollen	Прашец
Pollinisateur	Опрашител
Reine	Кралица
Ruche	Кошер
Soleil	Слънце

Les Médias
Медиите

Commercial	Търговски
Communication	Комуникация
En Ligne	Онлайн
Édition	Издание
Éducation	Образование
Faits	Факти
Financement	Финансиране
Images	Изображения
Individuel	Индивидуален
Industrie	Индустрия
Intellectuel	Интелектуален
Journaux	Вестници
Local	Местен
Numérique	Цифров
Opinion	Мнение
Photos	Снимки
Public	Обществен
Radio	Радио
Réseau	Мрежа
Télévision	Телевизия

Légumes
Зеленчуци

Ail	Чесън
Artichaut	Артишок
Aubergine	Патладжан
Brocoli	Броколи
Carotte	Морков
Céleri	Целина
Champignon	Гъба
Citrouille	Тиква
Concombre	Краставица
Échalote	Шалот
Épinard	Спанак
Gingembre	Джинджифил
Navet	Ряпа
Oignon	Лук
Olive	Маслина
Persil	Магданоз
Pois	Грах
Radis	Репичка
Salade	Салата
Tomate	Домат

Littérature
Литература

Analogie	Аналогия
Analyse	Анализ
Anecdote	Анекдот
Auteur	Автор
Biographie	Биография
Comparaison	Сравнение
Conclusion	Заключение
Description	Описание
Dialogue	Диалог
Fiction	Измислица
Métaphore	Метафора
Narrateur	Разказвач
Poème	Стихотворение
Poétique	Поетичен
Rime	Рима
Roman	Роман
Rythme	Ритъм
Style	Стил
Thème	Тема
Tragédie	Трагедия

Livres
Книги

Auteur	Автор
Aventure	Приключение
Collection	Колекция
Contexte	Контекст
Dualité	Двойственост
Épique	Епичен
Histoire	История
Historique	Исторически
Humoristique	Хумористичен
Inventif	Изобретателен
Lecteur	Читател
Littéraire	Литература
Narrateur	Разказвач
Page	Страница
Pertinent	Уместен
Poème	Стихотворение
Poésie	Поезия
Roman	Роман
Série	Серия
Tragique	Трагичен

Maison
Къща

Balai	Метла
Bibliothèque	Библиотека
Chambre	Стая
Cheminée	Камина
Clés	Ключове
Clôture	Ограда
Cuisine	Кухня
Douche	Душ
Fenêtre	Прозорец
Garage	Гараж
Jardin	Градина
Lampe	Лампа
Miroir	Огледало
Mur	Стена
Plafond	Таван
Porte	Врата
Rideaux	Пердета
Sous-Sol	Мазе
Tapis	Килим
Toit	Покрив

Maladie
Болест

Abdominal	Коремна
Allergies	Алергии
Chronique	Хроничен
Contagieux	Заразен
Corps	Тяло
Cœur	Сърце
Faible	Слаб
Génétique	Генетичен
Héréditaire	Наследствен
Immunité	Имунитет
Inflammation	Възпаление
Lombaire	Лумбалните
Neuropathie	Невропатия
Os	Кости
Pulmonaire	Белодробен
Respiratoire	Дихателен
Santé	Здраве
Sinus	Синус
Syndrome	Синдром
Thérapie	Терапия

Mammifères
Бозайници

Baleine	Кит
Chat	Котка
Cheval	Кон
Chien	Куче
Coyote	Койот
Dauphin	Делфин
Éléphant	Слон
Girafe	Жираф
Gorille	Горила
Kangourou	Кенгуру
Lapin	Заек
Lion	Лъв
Loup	Вълк
Mouton	Овца
Ours	Мечка
Renard	Лисица
Singe	Маймуна
Taureau	Бик
Tigre	Тигър
Zèbre	Зебра

Mathématiques
Математически

Angles	Ъгли
Arithmétique	Аритметика
Carré	Квадрат
Circonférence	Обиколка
Décimal	Десетичен
Diamètre	Диаметър
Exposant	Степен
Équation	Уравнение
Fraction	Фракция
Géométrie	Геометрия
Parallèle	Прилика
Périmètre	Периметър
Polygone	Полигон
Rayon	Радиус
Rectangle	Правоъгълник
Somme	Сума
Sphère	Сфера
Symétrie	Симетрия
Triangle	Триъгълник

Mesures
Измервания

Centimètre	Сантиметър
Degré	Градус
Décimal	Десетичен
Gramme	Грам
Hauteur	Височина
Kilogramme	Килограм
Kilomètre	Километър
Largeur	Ширина
Litre	Литър
Longueur	Дължина
Masse	Маса
Mètre	Метър
Minute	Минута
Octet	Байт
Once	Унция
Poids	Тегло
Pouce	Инч
Profondeur	Дълбочина
Tonne	Тон

Méditation
Медитация

Acceptation	Приемане
Attention	Внимание
Calme	Спокоен
Clarté	Яснота
Compassion	Състрадание
Émotions	Емоции
Éveillé	Буден
Gentillesse	Доброта
Gratitude	Благодарност
Habitudes	Навици
Mental	Умствен
Mouvement	Движение
Musique	Музика
Nature	Природа
Observation	Наблюдение
Paix	Мир
Perspective	Перспектива
Posture	Поза
Respiration	Дишане
Silence	Тишина

Météo
Времето

Arc-En-Ciel	Дъга
Atmosphère	Атмосфера
Brouillard	Мъгла
Calme	Спокоен
Ciel	Небе
Climat	Климат
Glace	Лед
Inondation	Наводнение
Mousson	Мусон
Nuage	Облак
Ouragan	Ураган
Polaire	Полярни
Sec	Сух
Sécheresse	Суша
Température	Температура
Tempête	Буря
Tonnerre	Гръм
Tornade	Торнадо
Tropical	Тропически
Vent	Вятър

Musique
Музика

Album	Албум
Ballade	Балада
Chanter	Пея
Chanteur	Певец
Classique	Класически
Enregistrement	Запис
Harmonie	Хармония
Improviser	Импровизирам
Instrument	Инструмент
Lyrique	Лиричен
Mélodie	Мелодия
Microphone	Микрофон
Musical	Музикален
Musicien	Музикант
Opéra	Опера
Poétique	Поетичен
Rythme	Ритъм
Rythmique	Ритмичен
Tempo	Темпо
Vocal	Вокал

Mythologie
Митология

Archétype	Архетип
Catastrophe	Бедствие
Comportement	Поведение
Création	Създаване
Créature	Създание
Croyances	Вярвания
Culture	Култура
Éclair	Мълния
Force	Сила
Guerrier	Воин
Héros	Герой
Immortalité	Безсмъртие
Jalousie	Ревност
Labyrinthe	Лабиринт
Légende	Легенда
Magique	Магически
Monstre	Чудовище
Mortel	Смъртен
Tonnerre	Гръм
Vengeance	Отмъщение

Nature
Природата

Abeilles	Пчели
Abri	Подслон
Animaux	Животни
Arctique	Арктика
Beauté	Красота
Brouillard	Мъгла
Désert	Пустиня
Dynamique	Динамичен
Érosion	Ерозия
Feuillage	Лист
Fleuve	Река
Forêt	Гора
Glacier	Ледник
Montagnes	Планини
Nuage	Облаци
Paisible	Мирен
Sanctuaire	Светилище
Sauvage	Див
Tropical	Тропически
Vital	Жизненоважни

Nombres
Числа

Cinq	Пет
Deux	Две
Décimal	Десетичен
Dix	Десет
Dix-Huit	Осемнадесет
Dix-Neuf	Деветнадесет
Dix-Sept	Седемнадесет
Douze	Дванадесет
Huit	Осем
Neuf	Девет
Quatorze	Четиринадесет
Quatre	Четири
Quinze	Петнадесет
Seize	Шестнадесет
Sept	Седем
Six	Шест
Treize	Тринадесет
Trois	Три
Vingt	Двадесет
Zéro	Нула

Nourriture #1
Храна #1

Ail	Чесън
Basilic	Босилек
Café	Кафе
Cannelle	Канела
Carotte	Морков
Citron	Лимон
Épinard	Спанак
Fraise	Ягода
Jus	Сок
Lait	Мляко
Navet	Ряпа
Oignon	Лук
Orge	Ечемик
Poire	Круша
Salade	Салата
Sel	Сол
Soupe	Супа
Sucre	Захар
Thon	Тон
Viande	Месо

Nourriture #2
Храна #2

Amande	Бадем
Aubergine	Патладжан
Banane	Банан
Blé	Пшеница
Brocoli	Броколи
Cerise	Череша
Céleri	Целина
Champignon	Гъба
Chocolat	Шоколад
Jambon	Шунка
Kiwi	Киви
Mangue	Манго
Oeuf	Яйце
Pain	Хляб
Poisson	Риба
Pomme	Ябълка
Poulet	Пиле
Raisin	Грозде
Riz	Ориз
Tomate	Домат

Nutrition
Хранене

Amer	Горчив
Appétit	Апетит
Calories	Калории
Comestible	Ядни
Diète	Диета
Digestion	Храносмилане
Épices	Подправки
Équilibré	Балансиран
Fermentation	Ферментация
Glucides	Въглехидрати
Liquides	Течности
Poids	Тегло
Protéines	Протеини
Qualité	Качество
Sain	Здрав
Santé	Здраве
Sauce	Сос
Saveur	Вкус
Toxine	Токсин
Vitamine	Витамин

Océan
Океан

Algue	Водорасли
Anguille	Змиорка
Baleine	Кит
Bateau	Лодка
Corail	Корал
Crabe	Рак
Crevette	Скариди
Dauphin	Делфин
Éponge	Гъба
Huître	Стрида
Méduse	Медуза
Poisson	Риба
Poulpe	Октопод
Requin	Акула
Récif	Риф
Sel	Сол
Tempête	Буря
Thon	Тон
Tortue	Костенурка
Vagues	Вълни

Oiseaux
Птици

Aigle	Орел
Autruche	Щраус
Canard	Патица
Cigogne	Щъркел
Colombe	Гълъб
Corbeau	Гарван
Coucou	Кукувица
Cygne	Лебед
Flamant	Фламинго
Héron	Чапла
Manchot	Пингвин
Moineau	Врабче
Mouette	Чайка
Oeuf	Яйце
Oie	Гъска
Paon	Паун
Perroquet	Папагал
Pélican	Пеликан
Poulet	Пиле
Toucan	Тукан

Pays #1
Страни #1

Afghanistan	Афганистан
Allemagne	Германия
Argentine	Аржентина
Brésil	Бразилия
Canada	Канада
Espagne	Испания
Équateur	Еквадор
Finlande	Финландия
Inde	Индия
Israël	Израел
Libye	Либия
Mali	Мали
Maroc	Мароко
Nicaragua	Никарагуа
Norvège	Норвегия
Panama	Панама
Philippines	Филипини
Pologne	Полша
Roumanie	Румъния
Venezuela	Венецуела

Pays #2
Страни #2

Albanie	Албания
Chine	Китай
Danemark	Дания
France	Франция
Haïti	Хаити
Indonésie	Индонезия
Irlande	Ирландия
Jamaïque	Ямайка
Japon	Япония
Kenya	Кения
Laos	Лаос
Liban	Ливан
Mexique	Мексико
Ouganda	Уганда
Pakistan	Пакистан
Russie	Русия
Somalie	Сомалия
Soudan	Судан
Syrie	Сирия
Ukraine	Украйна

Paysages
Пейзажи

Cascade	Водопад
Colline	Хълм
Désert	Пустиня
Estuaire	Устието
Fleuve	Река
Geyser	Гейзер
Glacier	Ледник
Grotte	Пещера
Iceberg	Айсберг
Île	Остров
Lac	Езеро
Marais	Блато
Mer	Море
Montagne	Планина
Oasis	Оазис
Péninsule	Полуостров
Plage	Плаж
Toundra	Тундра
Vallée	Долина
Volcan	Вулкан

Physique
Физика

Accélération	Ускорение
Atome	Атом
Chaos	Хаос
Chimique	Химически
Densité	Плътност
Électron	Електрон
Formule	Формула
Fréquence	Честота
Gaz	Газ
Gravité	Гравитация
Magnétisme	Магнетизъм
Masse	Маса
Mécanique	Механика
Molécule	Молекула
Moteur	Двигател
Nucléaire	Ядрен
Particule	Частица
Relativité	Относителност
Universel	Универсален
Vitesse	Скорост

Plantes
Растения

Arbre	Дърво
Baie	Бери
Bambou	Бамбук
Botanique	Ботаника
Buisson	Храст
Cactus	Кактус
Engrais	Тор
Feuillage	Лист
Fleur	Цвете
Flore	Флора
Forêt	Гора
Grandir	Раста
Haricot	Боб
Herbe	Билка
Jardin	Градина
Lierre	Бръшлян
Mousse	Мъх
Pétale	Венчелистче
Racine	Корен
Végétation	Растителност

Professions #1
Професии #1

Ambassadeur	Посланик
Artiste	Художник
Astronome	Астроном
Avocat	Адвокат
Banquier	Банкер
Bijoutier	Бижутер
Cartographe	Картограф
Chasseur	Ловец
Danseur	Танцьорка
Entraîneur	Треньор
Éditeur	Редактор
Géologue	Геолог
Médecin	Лекар
Musicien	Музикант
Pianiste	Пианист
Plombier	Водопроводчик
Pompier	Пожарникар
Psychologue	Психолог
Scientifique	Учен
Vétérinaire	Ветеринар

Professions #2
Професии #2

Astronaute	Астронавт
Bibliothécaire	Библиотекар
Biologiste	Биолог
Chercheur	Изследовател
Chirurgien	Хирург
Dentiste	Зъболекар
Détective	Детектив
Enseignant	Учител
Illustrateur	Илюстратор
Ingénieur	Инженер
Inventeur	Изобретател
Jardinier	Градинар
Journaliste	Журналист
Linguiste	Лингвист
Médecin	Лекар
Peintre	Художник
Philosophe	Философ
Photographe	Фотограф
Pilote	Пилот
Zoologiste	Зоолог

Psychologie
Психология

Clinique	Клиничен
Cognition	Познание
Comportement	Поведение
Conflit	Конфликт
Ego	Его
Enfance	Детство
Émotions	Емоции
Évaluation	Оценка
Idées	Идеи
Inconscient	Безсъзнание
Influences	Влияния
Pensées	Мисли
Perception	Възприемане
Personnalité	Личност
Problème	Проблем
Réalité	Реалност
Rêves	Мечти
Sensation	Усещане
Subconscient	Подсъзнателно
Thérapie	Терапия

Randonnée
Туризъм

Animaux	Животни
Bottes	Ботуши
Camping	Къмпинг
Carte	Карта
Climat	Климат
Eau	Вода
Falaise	Скала
Fatigué	Уморен
Guides	Ръководства
Lourd	Тежък
Météo	Време
Montagne	Планина
Nature	Природа
Orientation	Ориентация
Parcs	Паркове
Pierres	Камъни
Préparation	Подготовка
Sauvage	Див
Soleil	Слънце
Sommet	Връх

Remplir
Запълване

Baignoire	Вана
Baril	Цев
Bassin	Басейн
Boîte	Кутия
Bouteille	Шише
Caisse	Щайга
Dossier	Папка
Enveloppe	Плик
Navire	Кораб
Panier	Кошница
Paquet	Пакет
Plateau	Тава
Poche	Джоб
Pot	Буркан
Sac	Чанта
Seau	Кофа
Tiroir	Чекмедже
Tube	Тръба
Valise	Куфар
Vase	Ваза

Restaurant #2
Ресторант #2

Boisson	Напитка
Chaise	Стол
Cuillère	Лъжица
Déjeuner	Обяд
Délicieux	Вкусен
Dîner	Вечеря
Eau	Вода
Épices	Подправки
Fourchette	Вилица
Fruit	Плодове
Gâteau	Торта
Glace	Лед
Légumes	Зеленчуци
Nouilles	Юфка
Oeuf	Яйца
Poisson	Риба
Salade	Салата
Sel	Сол
Serveur	Сервитьор
Soupe	Супа

Santé et Bien-Être #1
Здраве и Благополучие №1

Actif	Активен
Bactéries	Бактерии
Blessure	Нараняване
Clinique	Клиника
Faim	Глад
Fracture	Фрактура
Habitude	Навик
Hauteur	Височина
Hormone	Хормони
Médecin	Лекар
Médicament	Медицина
Muscles	Мускулите
Os	Кости
Peau	Кожа
Pharmacie	Аптека
Posture	Поза
Réflexe	Рефлекс
Thérapie	Терапия
Traitement	Лечение
Virus	Вирус

Santé et Bien-Être #2
Здраве и Благополучие № 2

Allergie	Алергия
Anatomie	Анатомия
Appétit	Апетит
Calorie	Калория
Corps	Тяло
Déshydratation	Дехидрация
Diète	Диета
Énergie	Енергия
Génétique	Генетика
Hôpital	Болница
Hygiène	Хигиена
Infection	Инфекция
Maladie	Болест
Massage	Масаж
Nutrition	Храна
Poids	Тегло
Sain	Здрав
Sang	Кръв
Stress	Стрес
Vitamine	Витамин

Science
Наука

Atome	Атом
Chimique	Химически
Climat	Климат
Données	Данни
Expérience	Експеримент
Évolution	Еволюция
Fait	Факт
Fossile	Минерал
Gravité	Гравитация
Hypothèse	Хипотеза
Laboratoire	Лаборатория
Méthode	Метод
Minéraux	Минерали
Molécules	Молекули
Nature	Природа
Observation	Наблюдение
Organisme	Организъм
Particules	Частици
Physique	Физика
Scientifique	Учен

Science-Fiction
Научна Фантастика

Atomique	Атомен
Cinéma	Кино
Dystopie	Дистопия
Explosion	Експлозия
Extrême	Екстремни
Fantastique	Фантастично
Feu	Огън
Futuriste	Футуристичен
Galaxie	Галактика
Illusion	Илюзия
Imaginaire	Въображаем
Livres	Книги
Monde	Свят
Mystérieux	Мистериозен
Oracle	Оракул
Planète	Планета
Robots	Роботи
Scénario	Сценарий
Technologie	Технология
Utopie	Утопия

Sport
Спорт

Athlète	Спортист
Capacité	Способност
Corps	Тяло
Cyclisme	Колоездене
Danse	Танци
Diète	Диета
Endurance	Издръжливост
Entraîneur	Треньор
Étirement	Разтягане
Force	Сила
Jogging	Джогинг
Maximiser	Увелича
Muscles	Мускулите
Nutrition	Храна
Objectif	Цел
Os	Кости
Programme	Програма
Santé	Здраве
Sports	Спорт

Technologie
Технологии

Affichage	Дисплей
Blog	Блог
Caméra	Камера
Curseur	Курсор
Données	Данни
Écran	Екран
Fichier	Файл
Internet	Интернет
Logiciel	Софтуер
Message	Съобщение
Navigateur	Браузър
Numérique	Цифров
Octets	Байтове
Ordinateur	Компютър
Police	Шрифт
Recherche	Изследване
Sécurité	Сигурност
Statistiques	Статистика
Virtuel	Виртуален
Virus	Вирус

Temps
Време

Année	Година
Annuel	Годишен
Après	След
Avant	Преди
Bientôt	Скоро
Calendrier	Календар
Décennie	Десетилетие
Futur	Бъдеще
Heure	Час
Hier	Вчера
Horloge	Часовник
Jour	Ден
Maintenant	Сега
Matin	Сутрин
Midi	Обяд
Minute	Минута
Mois	Месец
Nuit	Нощ
Semaine	Седмица
Siècle	Век

Types de Cheveux
Видове Коса

Blanc	Бял
Blond	Руса
Boucles	Къдрици
Brillant	Лъскав
Chauve	Плешив
Court	Къс
Doux	Мек
Épais	Дебел
Frisé	Къдрав
Gris	Сив
Lisse	Гладка
Long	Дълго
Marron	Кафяв
Mince	Тънък
Noir	Черен
Ondulé	Вълнообразни
Sain	Здрав
Sec	Сух
Tresses	Плитки
Tressé	Сплетен

Univers
Вселената

Astéroïde	Астероид
Astronome	Астроном
Astronomie	Астрономия
Atmosphère	Атмосфера
Ciel	Небе
Cosmique	Космически
Équateur	Екватор
Galaxie	Галактика
Hémisphère	Полукълбо
Horizon	Хоризонт
Latitude	Ширина
Longitude	Дължина
Lune	Луна
Obscurité	Тъмнина
Orbite	Орбита
Solaire	Слънчев
Solstice	Слънцестоене
Télescope	Телескоп
Visible	Видим
Zodiaque	Зодиак

Vacances #2

Почивка #2

Aéroport	Летище
Camping	Къмпинг
Carte	Карта
Destination	Дестинация
Étranger	Чужденец
Hôtel	Хотел
Île	Остров
Mer	Море
Passeport	Паспорт
Photos	Снимки
Plage	Плаж
Restaurant	Ресторант
Réservations	Резервации
Taxi	Такси
Tente	Палатка
Train	Влак
Transport	Транспорт
Vacances	Празник
Visa	Виза
Voyage	Пътуване

Véhicules

Превозни Средства

Ambulance	Линейка
Avion	Самолет
Bateau	Лодка
Bus	Автобус
Camion	Камион
Caravane	Каравана
Ferry	Ферибот
Fusée	Ракета
Hélicoptère	Хеликоптер
Métro	Метро
Moteur	Двигател
Navette	Совалка
Pneus	Гуми
Radeau	Сал
Scooter	Скутер
Sous-Marin	Подводница
Taxi	Такси
Tracteur	Трактор
Vélo	Велосипед
Voiture	Кола

Vêtements

Дрехи

Bracelet	Гривна
Ceinture	Колан
Chapeau	Шапка
Chaussure	Обувка
Chemise	Риза
Chemisier	Блуза
Collier	Колие
Foulard	Шал
Gants	Ръкавици
Jeans	Дънки
Jupe	Пола
Manteau	Палто
Mode	Мода
Pantalon	Панталони
Pull	Пуловер
Pyjama	Пижама
Robe	Рокля
Sandales	Сандали
Tablier	Престилка
Veste	Яке

Ville

Град

Aéroport	Летище
Banque	Банка
Bibliothèque	Библиотека
Boulangerie	Фурна
Cinéma	Кино
Clinique	Клиника
École	Училище
Fleuriste	Цветар
Galerie	Галерия
Hôtel	Хотел
Librairie	Книжарница
Marché	Пазар
Musée	Музей
Pharmacie	Аптека
Restaurant	Ресторант
Stade	Стадион
Supermarché	Супермаркет
Théâtre	Театър
Université	Университет
Zoo	Зоопарк

Félicitations

Vous avez réussi !

Nous espérons que vous avez apprécié ce livre autant que nous avons pris plaisir à le concevoir. Nous faisons de notre mieux pour créer des livres de la meilleure qualité possible.
Cette édition est conçue pour permettre un apprentissage intelligent et de qualité en se divertissant !

Vous avez aimé ce livre ?

Une Simple Demande

Nos livres existent grâce aux avis que vous publiez. Pourriez-vous nous aider en laissant un avis maintenant ?

Voici un lien rapide qui vous mènera à votre page d'évaluation de vos commandes :

BestBooksActivity.com/Avis50

CHALLENGE FINAL !

Défi n°1

Êtes-vous prêt pour votre jeu bonus ? Nous les utilisons tout le temps mais ils ne sont pas si faciles à trouver. Voici les Synonymes !

Notez 5 mots que vous avez trouvés dans les puzzles notés ci-dessous (n°21, n°36, n°76) et essayez de trouver 2 synonymes pour chaque mot.

Notez 5 Mots du ***Puzzle 21***

Mots	Synonyme 1	Synonyme 2

Notez 5 Mots du ***Puzzle 36***

Mots	Synonyme 1	Synonyme 2

Notez 5 Mots du ***Puzzle 76***

Mots	Synonyme 1	Synonyme 2

Défi n°2

Maintenant que vous vous êtes échauffé, notez 5 mots que vous avez découverts dans les Puzzles n° 9, n° 17, n° 25 et essayez de trouver 2 antonymes pour chaque mot. Combien pouvez-vous en trouver en 20 minutes ?

*Notez 5 Mots du **Puzzle 9***

Mots	Antonyme 1	Antonyme 2

*Notez 5 Mots du **Puzzle 17***

Mots	Antonyme 1	Antonyme 2

*Notez 5 Mots du **Puzzle 25***

Mots	Antonyme 1	Antonyme 2

Défi n°3

Formidable ! Ce défi final  n'est rien pour vous.

Prêt pour le dernier défi ? Choisissez 10 mots que vous avez découverts parmi les différents puzzles et notez-les ci-dessous.

1.	6.
2.	7.
3.	8.
4.	9.
5.	10.

Maintenant, composez un texte en pensant à une personne, un animal ou un lieu que vous aimez !

Astuce: Vous pouvez utiliser la dernière page de ce livre comme brouillon !

Votre Composition :

CARNET DE NOTES :

À TRÈS BIENTÔT !

Toute l'équipe

www.ingramcontent.com/pod-product-compliance
Lightning Source LLC
Chambersburg PA
CBHW082203120626
46553CB00010B/2989
* 9 7 9 8 8 9 6 7 0 5 1 3 0 *